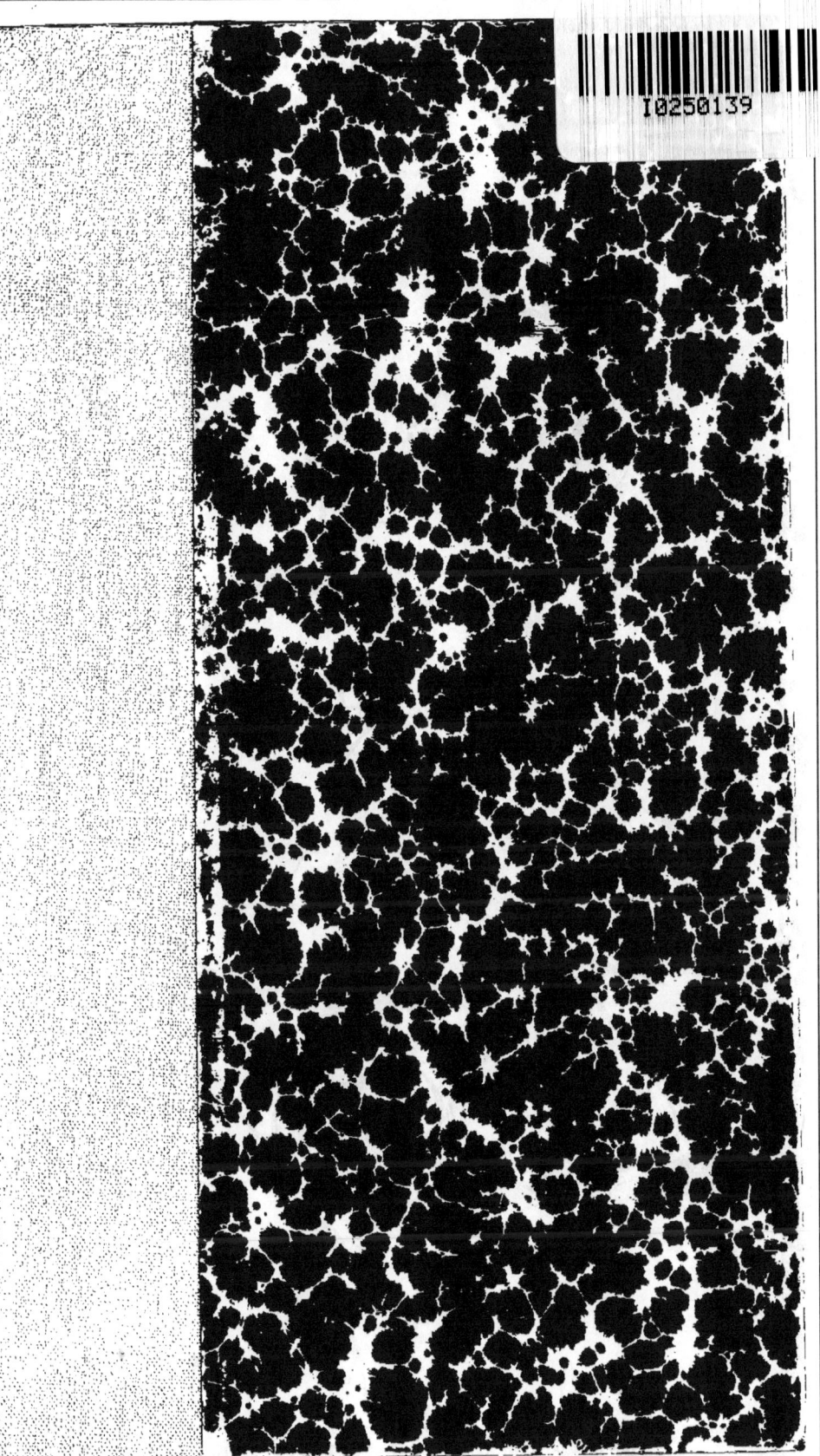

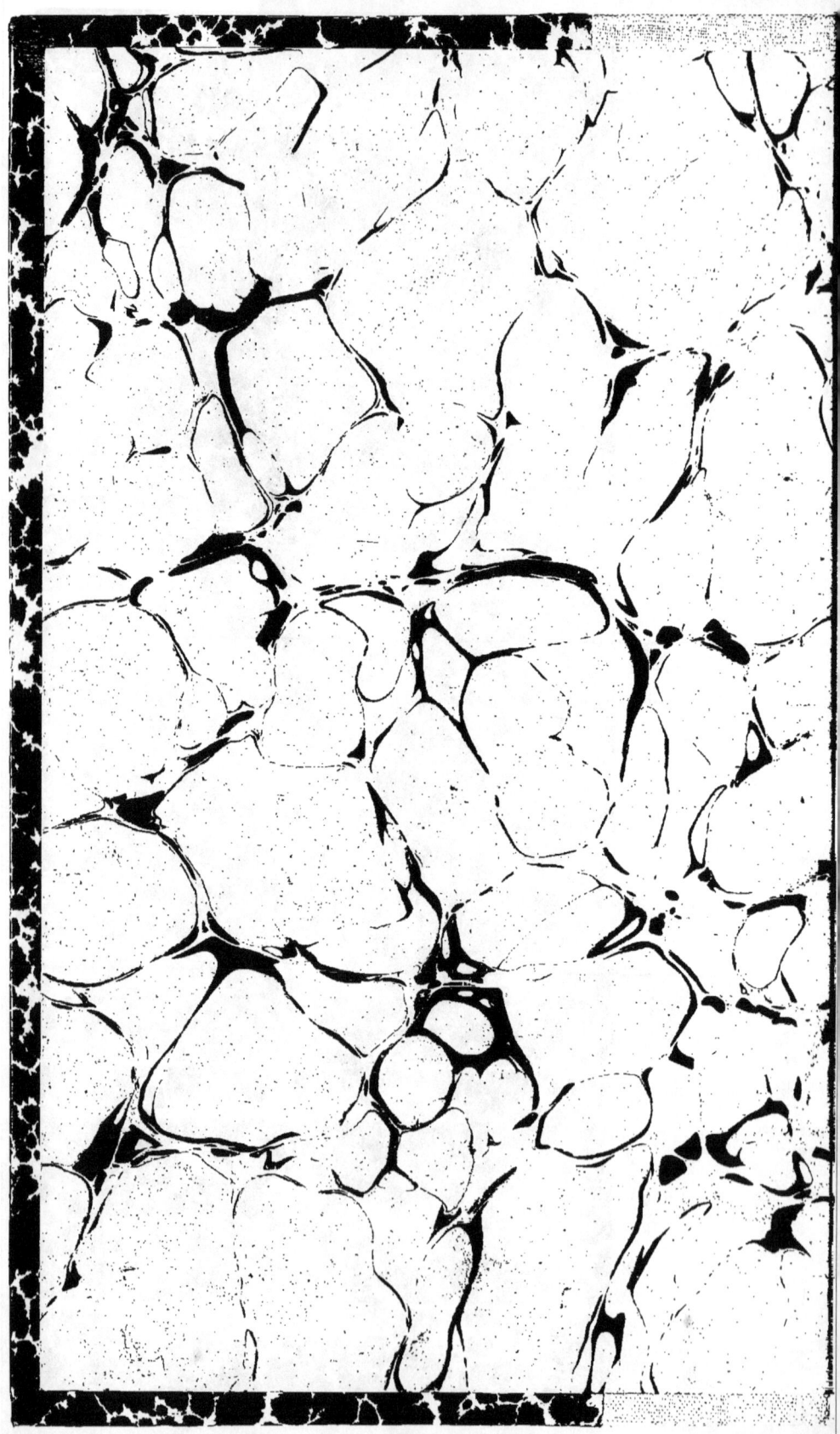

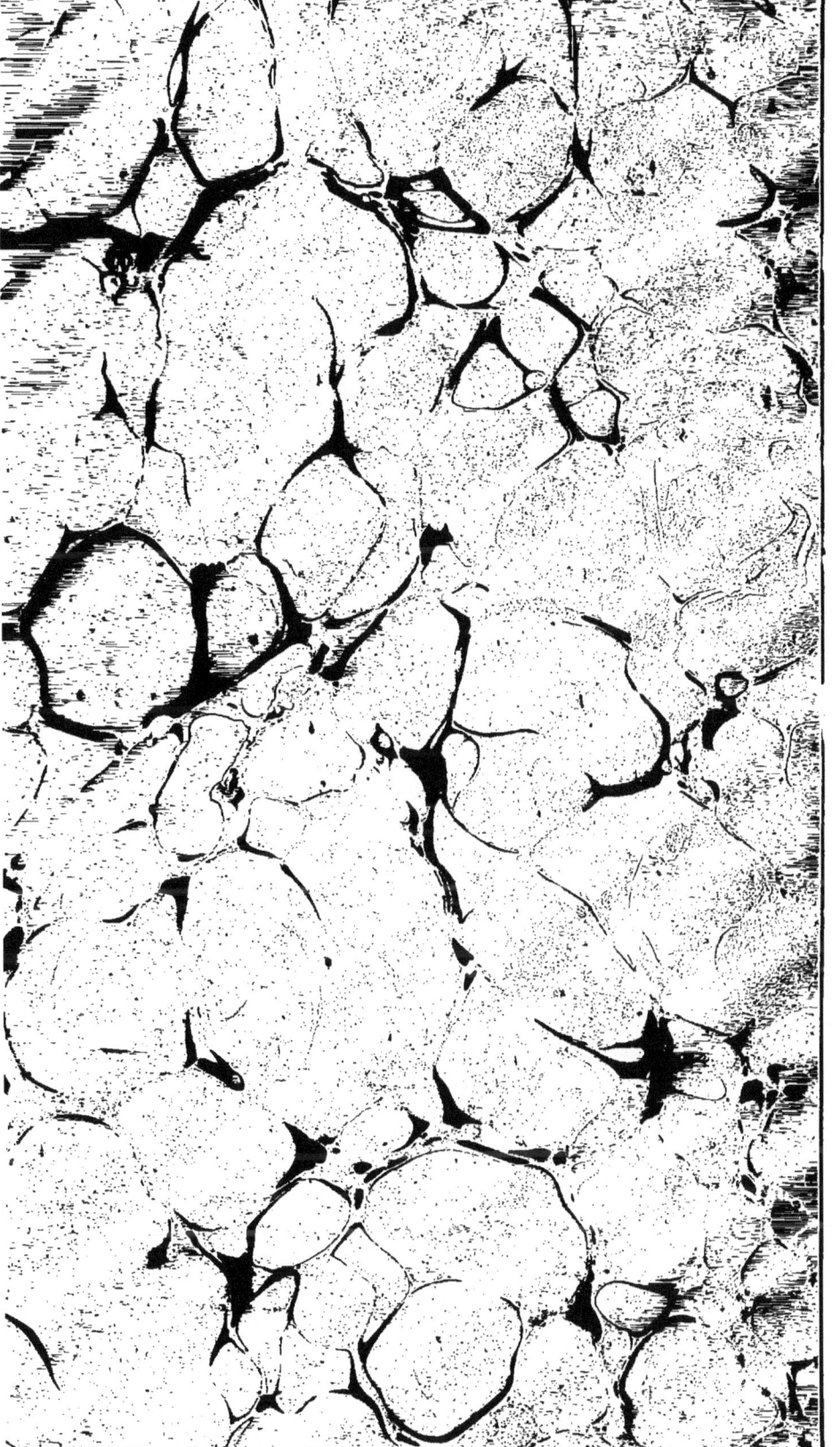

BOULANGER

L'ABBÉ FÉLIX VAISSIÈRE.

Sa Vie, ses Écrits intimes.

L'ABBÉ FÉLIX VAISSIÈRE.

SA VIE,
SES ÉCRITS INTIMES.

In requie mortui requiescere fac memoriam ejus.

Que la paix où le défunt est entré, apaise en vous le regret que vous avez de sa mort.

(*Eccl.*, ch. xxxviii, v. 24.)

MONTAUBAN,
IMPRIMERIE ET LITHOGRAPHIE FORESTIÉ.

1877

AU PÈRE DE L'ABBÉ FÉLIX VAISSIÈRE,

M. JEAN-AGRICOLE VAISSIÈRE.

« *J'ai parcouru les différentes époques de ma
vie, et ce qui m'a le plus touché de la part de
Dieu à mon égard, c'est de m'avoir fait naître
de parents chrétiens, désireux de me voir pratiquer la religion.* »

Cette pensée se trouve dans la première méditation de votre fils, au grand Séminaire. Vous avez donc préparé sa carrière et il vous revient une grande part dans son œuvre. Aussi est-il juste de vous dédier ce recueil, ce miroir de son âme.

Avec nous vous vous réjouirez de ce qu'il a laissé un parfum qui s'élève de sa tombe et une mémoire qui nous fortifie.

4 août 1876. — Fête de saint Dominique.

INTRODUCTION.

Le 28 juillet 1875, M. l'abbé Vaissière, curé de Saint-Jacques, s'endormait dans le Seigneur.

Dirons-nous les souvenirs que nous gardons fidèlement dans l'âme, et qui sans cesse font revivre pour nous celui qui vient d'être enlevé à l'Eglise et au Diocèse de Montauban?

Et pourquoi le laisser mourir tout-à-fait, et ne pas essayer de conserver à l'édification de tous, cette figure si insaisissable, il est vrai, mais si belle !

L'abbé Félix Vaissière ne fut pas connu de la multitude, et si nous avions à le consulter aujourd'hui sur notre entreprise, nous croyons que sa pensée serait celle-ci, qu'il exprimait dans une de ses dernières lettres :

« De tels souvenirs doivent être gardés comme des
« papiers de famille et ne pas être livrés au dehors.
« Ils suffisent à illuminer, à réchauffer un certain
« rayon, mais ils ne peuvent aller partout. »

Oui, s'il n'avait marqué sa trace au milieu de nous que par son poste élevé, ses diverses charges, ses honneurs : tout cela s'éteint dans la mort ; mais il fut si détaché de toute gloire humaine, qu'aucune de ces distinctions ne pouvait le grandir.

Sa personnalité, ses vertus exceptionnelles, voilà ce que nous voudrions retracer en traits vifs et accentués, si Dieu daignait nous enseigner comment il faut parler de son pieux serviteur.

L'abbé Vaissière a été un véritable apôtre, et nous pouvons dire aussi qu'il a été martyr par le cœur, par le désir. Nous le savons, nous aimons à le rappeler aujourd'hui où il ne peut plus arrêter nos confidentielles révélations.

Il y a vingt-cinq ans, presque au lendemain de sa prêtrise, il enviait les travaux du missionnaire des Indes. Porter le nom de Jésus-Christ aux nations infidèles, fut, dès les premiers jours de son sacerdoce, le vœu spontané de son âme. Qui nous contredira quand nous dévoilerons que la prison et la cangue auraient fait ses délices ? Nous croyons encore l'entendre, disant avec feu, comme s'il volait sur les pas des missionnaires : *Quam speciosi pedes evangelizantium pacem, evangelizantium bona.*

S'il n'a pas réalisé ce vœu, c'est que Dieu nous le voulait donner exclusivement pendant le temps des travaux de son exil sur la terre. Remercions-le de ce don.

Sa rare érudition le rendait, surtout dans ces derniers temps, une véritable bibliothèque vivante. Ses amis, même les plus instruits, ne se trouvaient jamais avoir tout lu, tout discuté aussi bien que lui, et ils venaient puiser à pleines mains dans ses conversations si riches, si originales, si condescendantes pour les plus petits et les plus humbles.

Cette science acquise, hélas! au prix de ses veilles et pour ainsi dire de sa vie, jamais il ne s'en fit gloire en public, si ce n'est dans ses prônes, qui furent toujours lumineux.

Il nous semble l'écouter encore : son accent et son âme lui tenaient lieu de voix, — car son organe se ressentait de ses fréquentes souffrances, — mais les mondains même l'entendaient avec intérêt et disaient de lui : « Il est si convaincu quand il nous parle, « que tout cela doit être vrai! »

Le bien des âmes était sa préoccupation constante: aussi préparait-il avec soin la nourriture spirituelle qu'il leur présentait. Qu'elle avait de force dans sa bouche la parole sainte! Sa vie n'était que la floraison de la morale qu'il prêchait!

Il n'a pas toujours vu le bien qu'il faisait, l'humble prêtre; mais nous, qui sommes ses témoins, qui avons vu comme il savait tout faire, comme il savait tout dire, comme il savait vivre, comme il a su mourir, pourquoi n'essaierions-nous pas d'en retracer le souvenir? Lui, cet aimable modèle de modestie et de simplicité, ce guide si sage et si pieux, ne nous a-t-il pas laissé dans un écrit remarquable, auquel il travaillait encore quand son mal est venu le frapper, les paroles suivantes au sujet de la vie des saints?

« Il faut les honorer ces amis de Dieu, dont la
« vie et la mort furent précieuses devant lui, et les
« faire connaître tels qu'il les a montrés à son
« Eglise (1). »

La sainte habitude que notre abbé avait prise de se faire tout à tous, il la porta à un degré que bien peu atteignent ; Dieu l'a même aidé en cela. Au mois de décembre dernier, pendant cette première agonie qui allait nous le ravir, les supplications de ses amis semblèrent le retenir sur la terre. Il accepta et voulut même continuer à souffrir, afin de nous encourager plus longtemps. Plusieurs fois ses frères, assidus à l'entourer, surprirent sur les lèvres de leur cher mourant ces paroles de consentement à la souffrance :

« Je ferai mon purgatoire ici, avec vous, je l'ai
« demandé à Dieu. »

Néanmoins, il soupirait vers le ciel; et pour s'excuser de préférer à nous ce repos en Dieu, il répétait bien des fois, cherchant à adoucir notre douleur de le voir partir :

« Je vais là où je pourrai vous être bien plus
« utile ! »

Précisément à la date de sa mort, 28 juillet 1875,

---

(1) *Vie de saint Antonin, Apôtre du Rouergue.*

en célébrant la mémoire du grand Irlandais (1), à qui Dieu a donné de vaincre pour la liberté catholique, il a été dit cette parole que nous ne pouvions nous empêcher de lui appliquer : « Il faut que le « grain meure. »

Ah ! qu'elle est triste, mais consolante dans sa rudesse, cette parole !

L'abbé Vaissière nous en a dit une autre, la sœur de celle-là, qui nous pénétrait l'âme auprès de son lit de mort :

« Dites-moi le *Te Deum*, mais d'une voix « joyeuse ! »

Au mois de janvier suivant, Dom Guéranger mourant demandait aussi, dans son agonie, le *Te Deum* à ses religieux.

Quelle atmosphère autour de ces âmes prédestinées ! Comme le niveau des sentiments est élevé ! Montons à ces hauteurs. Il n'est plus notre saint abbé ; néanmoins « chantons le *Te Deum* d'une voix « joyeuse ! »

« Il faut que le grain meure, et la moisson lèvera ! »

---

(1) O'Connell,

L'ABBÉ FÉLIX VAISSIÈRE.

SA VIE, SES ÉCRITS INTIMES.

CHAPITRE I.

Sa Famille, son Enfance, ses Dons naturels.

Le sentiment religieux était héréditaire dans la famille de l'abbé Vaissière.

Son grand père s'était préparé à recevoir les saints ordres quand éclata la Révolution de 1793, ce qui le rejeta dans une autre carrière et le fixa à Saint-Antonin.

Sa mère avait eu aussi le désir de se séparer du monde en prenant le voile aux Ursulines, et elle avait fait dans ce but une longue retraite, précisément dans l'appartement où son fils Félix, devenu curé de Saint-Jacques, passa les dernières années de sa vie, et où nous avons suivi et admiré sa longue et patiente agonie.

La maison qu'habitait son père et sa mère à Saint-Antonin et dans laquelle il est né, avait providentiellement appartenu à un prêtre. Cette maison, où l'on a toujours servi Dieu, offrit un asile secret et sûr à la célébration des mystères sacrés pendant la persécution révolutionnaire du siècle dernier.

Toutes ces circonstances se coordonnaient dans les vues de Dieu, afin d'entourer le berceau de cet enfant prédestiné; et l'on peut croire que les sentiments de ce grand père et de cette mère, si désireux de leur perfection, s'épanouirent dans la belle fleur sacerdotale que Dieu destinait à la famille Vaissière.

Ce fut le 5 août de l'année 1823 que le jeune Félix, fils aîné de M. Jean-Agricole Vaissière et de Mme Marie-Françoise-Virginie Bosc, fut apporté dans l'église de Saint-Antonin pour y recevoir la grâce du saint baptême. Le curé Joany conféra le sacrement et en signa l'acte avec la famille.

Cet enfant eut dans la suite trois autres frères et deux sœurs, Alexandrine et Antoinette qui, l'une après l'autre, ne vécurent pas plus de 17 mois; il les a à peine connues, et cependant il aima dans la suite à rappeler leurs noms, les appelant « nos anges de « famille. »

La petite famille était aimée à Saint-Antonin et entourée de bons parents et d'amis animés d'un vrai dévouement.

Nous voudrions donner la description topographique de Saint-Antonin, cette petite ville, lieu de naissance de l'abbé Félix, et qu'il a tant aimée. Elle brille d'ailleurs au-dessus de bien d'autres villes de nos contrées, je ne dirai pas seulement par son beau site, contraste de rochers et de fraîche verdure, mais par la légion de prêtres qu'elle a fournie à notre Diocèse. Saint-Antonin est un séminaire de vocations religieuses.

En feuilletant les notes si intéressantes et si heureusement retrouvées de notre jeune abbé, nous avons lu le tableau suivant de sa ville natale. Ne dirait-on pas une ode, dont les belles strophes imitées de l'antique nous montrent comment il sentait profondément la poésie de la nature !

Cet écrit est daté du 15 octobre 1847 ; il fut probablement tracé à Saint-Antonin pendant les vacances du grand séminaire :

1° « Pourquoi le roc d'Anglars est-il si beau ? Il
« est aride et riant à la fois, grandiose et gracieux,
« la pierre nue et la verdure. Cette masse énorme
« nourrit dans toute son étendue des rameaux
« d'arbres toujours verts. Elle rassemble les deux
« extrêmes, l'unité et la variété, le fort et le faible.

2° « Comment analyser les sentiments que l'on
« éprouve à la vue de ce roc ? C'est la corde qui
« touche à l'amour de l'Infini... L'homme est con-
« tent de pouvoir contempler tant de grandeur ; il
« sait qu'il est encore plus grand. Il comprend ces
« masses. Il tourne tout autour. Il les domine. Il
« aime mieux les contempler d'en haut que d'en bas.
« O Jésus, si la vue de ce faible reflet de votre
« grandeur me remplit de tant d'émotion, que sera-
« ce quand je vous verrai !

3° « La ville est assise là-bas dans l'ombre, sous

« la protection du rocher d'Anglars. Que de maisons
« agglomérées, pressées! Que les hommes se resser-
« rent, qu'il leur faut peu d'espace! Et pourtant
« *vous les avez couronnés de gloire et d'honneur.*

4° « O petites passions d'amour propre, de vanité,
« de jalousie, loin de moi ! Vivent les grandes vertus !
« Ne nous rapetissons pas, puisque nous sommes si
« grands! »

Revenons au récit de la vie du jeune Félix.

Elle commença par la souffrance. Une grave maladie survint à l'âge de cinq ans et le mit en si grand danger, que la bonne *Nanne*, dont nous allons parler, chargée de le soigner avec ses parents, regarda comme un miracle providentiel la guérison du petit malade.

« Le démon, disait-elle, était si jaloux du bien que
« cet enfant devait faire plus tard, qu'il aurait voulu
« nous l'enlever par cette maladie. »

Et de sa guérison elle concluait que Dieu voulait cet enfant pour le salut d'un grand nombre d'âmes.

Nous avons demandé quelques détails sur cette bonne Nanne, dont il est si souvent question au sujet de l'enfance de l'abbé Vaissière. C'est un de ces types de dévouement, heureusement encore connus dans nos petites villes du Midi, mais rarement aussi admirables.

« Nanne était de l'âge de ma mère, nous écrit
« Victor, le plus jeune frère de l'abbé Félix ; elles
« avait grandi ensemble et une étroite amitié les unis-
« sait. Je n'avais que treize mois quand ma mère
« nous fut enlevée. Félix, l'aîné de mes trois frères,

« n'avait que douze ans. Il ne restait, pour élever
« notre enfance, que mon père, déjà absorbé par
« les occupations de son état, et mon grand père,
« vieillard septuagénaire. On comprend combien,
« pendant sa dernière maladie, notre avenir devait
« préoccuper notre mère, qui ne s'illusionnait pas
« sur la gravité de son mal. Mais elle savait qu'elle
« pouvait compter sur le dévouement de son amie
« et elle lui légua sa tendresse pour nous. Nanne
« accepta ce legs et promit de tenir sa place. Nulle
« promesse n'a été plus religieusement remplie.
« Depuis ce moment elle se dévoua entièrement pour
« nous. J'étais le plus jeune enfant, et celui dont
« l'âge réclamait le plus de soins. Je fus l'objet de
« sa plus vive sollicitude. Elle habitait alors son
« propre domicile, qui était très-voisin du nôtre. C'est
« là que je passai la plus grande partie de mes
« premières années.

« En 1848 Nanne perdit sa mère et se trouva
« complètement seule. C'est alors qu'elle céda à nos
« instances et vint habiter la maison paternelle. Nous
« n'aurons jamais assez de reconnaissance pour ses
« soins dévoués. Quant à moi, privé si tôt des soins
« maternels, je conserve le plus profond souvenir de
« sa sollicitude pour mon enfance ; j'ai pour elle
« toute l'affection d'un fils, et je suis heureux toutes
« les fois que je puis la lui témoigner (1). »

(1) Victor résume son affection dans ces mots : « c'est ma
« seconde mère.

Ce que l'on vient de lire était aussi le sentiment de notre abbé et des autres frères.

Félix commença sa première instruction. Presqu'en même temps qu'il sut lire, il montra une rare aptitude pour la musique, et en cela il tenait de son père, qui tout fier de son petit musicien, le présenta un jour à l'orchestre de la garde nationale de Saint-Antonin. C'était en 1830; Félix avait sept ans. Il se trouva que personne ne suivait mieux la baguette du chef de musique et n'atteignait avec plus de justesse les notes élevées. Il devint première petite flûte de la garde nationale, charma les autres musiciens, et certainement leur valut souvent des auditeurs.

Après la naissance de son sixième enfant, la mère de Félix fut enlevée à sa famille désolée.

L'aîné pleura longtemps sa mère et comprit sans nul doute la grande douleur d'une telle privation. Son amour précoce pour Marie, mère de Jésus, dénote le besoin qu'avait son cœur de ce sentiment filial qui, pour lui, fut si vite brisé. Quelquefois il épanchait ainsi son âme sur les pages de ses devoirs :

« Oh! Marie, vous êtes ma mère, je n'ai que vous « depuis que vous avez pris au ciel *maman Virginie*, que je vous recommande. »

Cependant les études plus sérieuses de Félix commençaient. Il entra au petit séminaire en 1837.

Il était déjà élève de rhétorique quand il lui arriva un accident, qui devait avoir de funestes suites pour sa santé. S'étant gravement blessé à la main pendant journée de vacances à la campagne, il eut le courage de placer cette main meurtrie sous une pompe d'eau glacée et de l'y tenir plusieurs heures.

Le principe rhumatismal, cause de toutes ses futures souffrances, prit racine et commença par le retenir une année dans un état vraiment maladif. Les études du séminaire furent interrompues. Il passa son hiver à Saint-Antonin, presque toujours étendu sur sa chaise-longue et s'entourant de livres d'études, de cahiers de musique, quand il n'était pas entouré d'amis.

Ceux-ci firent bientôt cercle autour de lui; le jeune malade était si gai et si bon! Quelques-uns ne pouvaient le quitter; l'un d'eux, surtout (1), passait de longues heures cherchant à le distraire et l'écoutant avec passion, quand, tout endolori, il prenait son violon et s'exerçait, bien que couché, à reproduire les passages des œuvres des grands maîtres.

Ce qu'il était alors, dans ces premières années de l'adolescence, laissons le raconter par une personne qu'unissait à sa famille les doubles liens de la parenté et de la plus grande affection :

« Il faudrait suivre pas à pas cette vie belle entre
« toutes, mais belle de tous les jours, et si humble,
« qu'elle ne laissait guère transpirer tout ce qu'il y
« avait de saint dans ses actes les plus simples.

« J'ai beaucoup vu l'abbé Vaissière avant son

(1) M. Emile Pagès, qui est toujours resté fidèle à cette amitié.

« entrée au séminaire. Il ne parlait pas alors de se
« faire prêtre, mais c'était bien le caractère le plus
« attachant qu'on pût trouver ; d'une bonté parfaite,
« obligeant et poli comme nous l'avons vu plus tard,
« ne se recherchant jamais en rien, et par-dessus tout
« d'une pureté angélique.

« Les lettres que j'ai de lui, je n'hésite pas à vous
« les confier. Si elles ne peuvent aider au résultat que
« nous désirons, elles auront pour vous, j'en suis
« sûre, un grand charme en vous faisant voir de près
« cette riche nature d'enfant, parée de tout l'enjoue-
« ment du jeune âge. »

Il nous semble que c'est ici le lieu d'ouvrir quelques-unes de ces lettres, qui commencent en 1840. Elles sont rares, malheureusement, mais qu'elles ressemblent peu à ce qu'on écrit d'ordinaire à cette époque de la vie !

Nihil tamen puerile gessit in opere (1).

Montauban, 27 février 1840.

« Ma chère E, tu ne m'épargnes pas dans ta lettre,
« je le mérite ; je n'entreprends pas de me justifier,
« car je n'y réussirais point. Les malheureux, plus
« que tous les autres, sont sujets à tomber dans beau-
« coup de fautes. Mais gronde-moi bien, exerce sur
« moi toute ta méchanceté et pardonne-moi.

« Tu me crois aussi léger que je l'étais à Saint-
« Antonin ; je me souviens que vous me reprochiez

(1) Au livre de Tobie.

« de l'être un peu trop. Eh bien, ici on me repro-
« che tout le contraire; je suis peut-être trop sérieux.

« Le seul moyen que j'ai pour me distraire, c'est
« la musique. J'y passe toutes mes récréations, aussi
« prétend-on que je m'en occupe trop. On me force
« quelquefois à me mêler aux autres élèves pour
« jouer et m'agiter avec eux.

« S'il m'était permis de donner des conseils à
« Alexandrine, je lui dirais de cultiver la musique :
« c'est un talent agréable et utile. Combien de fois,
« lorsque j'étais trop abattu, la musique m'a-t-elle
« ranimé !

« Alexandrine n'en a pas besoin pour se distraire ;
« elle est avec ma tante et avec toi. Moi, je suis seul
« ici, je suis triste. »

C'est bien là le secret du grand attrait qu'exerçait sur lui la musique. Les natures comme la sienne ont toujours eu besoin de chanter leur douleur, et de rechercher des consolations surnaturelles, qu'elles ne trouvent pas au milieu des joies du monde.

Il y avait alors au petit séminaire un maître de musique, qui après être resté dix ans au conservatoire de Paris, soit comme élève, soit comme professeur auxiliaire, s'était retiré dans sa famille à Montauban. Doué d'un rare talent, ses leçons formèrent une pléïade de musiciens excellents, que nous avons connus et entendus. Parmi les élèves de M. Bonnet, Félix fut celui qu'il affectionna le plus à cause de ses bonnes qualités et de sa merveilleuse aptitude.

« Félix m'a souvent raconté, écrit son frère, la

« manière dont ses leçons lui étaient données. Elles
« étaient rares, mais le professeur se plaisait à les
« prolonger pendant tout le temps de la promenade
« d'un jour de congé. Fier de son élève, le maître le
« produisit plusieurs fois en ville avec l'agrément de
« ses supérieurs. C'est ainsi que M. *** alors préfet
« de Tarn-et-Garonne et grand appréciateur de mu-
« sique, connut ce talent naissant; il encourageait le
« jeune virtuose, et se plaisait à lui prêter son violon,
« un excellent *Amati*, pour exécuter ses concertos.
« Chaque année, le jour de la distribution des prix,
« l'orchestre de la ville, invité à ces fêtes scolaires,
« accompagnait et applaudissait le jeune violoniste. »

Mais reprenons ses lettres, et voyons le séminariste, que l'on trouvait déjà trop artiste, avouer
ingénuement qu'il satisfait ses maîtres.

« Mon cher papa, si dans ma dernière lettre tu
« m'as vu à d'assez mauvaises places, cette fois-ci tu
« me verras premier en diligence. Cela doit te prou-
« ver que je ne perds pas mon temps, car si je ne
« travaillais pas de toutes mes forces, je serais à la
« queue... Il y a certains jours où il m'est impos-
« sible de m'appliquer comme je le voudrais.

« Tu ne t'es pas trompé en m'envoyant la traduc-
« tion d'Homère. Si tu pouvais encore déterrer le
« même ouvrage en grec, tu me ferais plaisir de
« me l'envoyer. Il doit être au galetas, roulant dans
« la poussière.

« Je ne souffre pas de mes douleurs. Adieu, mon
« cher papa, j'embrasse Léon, Frédéric et Victor. »

Notre jeune séminariste, en rendant compte de ses études, parle aussi de son art privilégié.

« J'ai de beaucoup, sur les autres, le premier
« prix d'excellence; un seul point m'ôte le premier de
« diligence; j'ai peur de manquer le second. Jusqu'ici
« j'ai encore le prix de musique.

« J'ai appris que vous faisiez encore de la musique
« à Saint-Antonin. Je suppose que vous ne l'aurez
« pas abandonnée quand j'arriverai; je m'y mettrai
« de toutes mes forces.

« Adieu, encore huit jours, et je pourrai vous
« embrasser tous. Victor n'a plus qu'un dimanche à
« compter. Rappelle-moi au souvenir de Nanne.

« Monsieur Goulard, — écrit-il à sa cousine quel-
« que temps après, — a voulu me faire prendre
« la soutane. Juge par cela combien ma conduite est
« édifiante ! Je n'ai pas voulu la prendre encore,
« mais il est très-probable qu'aux vacances j'arri-
« verai avec le titre d'abbé.

« Adieu; je te demande beaucoup de conseils. »

Ton neveu très-dévoué,
Félix.

Presque au temps où il écrivait cette lettre, lui, si attaché aux siens, si sympathique à tous les événements tristes ou joyeux qui se passaient à Saint-Antonin, refusait d'aller rejoindre sa famille pour une réunion à laquelle tous le désiraient.

Ses maîtres du séminaire parlèrent en son nom, mais, sans nul doute, ils furent influencés par le refus du jeune élève, déjà si sérieusement préoccupé des choses de Dieu.

Voici la lettre qu'écrivit au père de notre Félix M. l'abbé Goulard, supérieur du petit séminaire.

« Monsieur, c'est avec bien du regret que je vous
« refuse la permission que vous me demandez. Quel-
« que respectable que doive être la réunion, il ne
« convient pas que M. Félix s'y trouve. Avec les
« sentiments qu'il nous a manifestés, on ne peut que
« le louer de céder la place de garçon d'honneur
« à un autre.

« Je profite de cette circonstance pour vous dire
« que vous auriez tort de refuser à votre enfant la
« permission de prendre la soutane. De vive voix
« je vous le prouverai. »

Cette lettre exprime fortement combien la vocation du jeune homme à un état privilégié devait être manifeste. En vérité, Dieu se hâtait de le réclamer pour le sanctuaire, et « l'onction du sacrement de « l'Ordre devait être faite à celui qui donnait des « marques si évidentes de l'onction du Saint- « Esprit. (1) »

Ce fut vers cette époque qu'un homme de goût et d'instruction, venu de Paris à Saint-Antonin se retremper dans l'esprit de famille, vit pendant les vacances notre jeune artiste, dont le talent musical progressait tous les jours.

Paris et l'Europe, à cette époque, applaudissaient

---

(1) Légende de la *Vie de saint Antonin*.

Paganini, le grand violoniste. Trouver un virtuose distingué à Saint-Antonin, et le trouver sous l'habit d'un séminariste, n'était-ce pas découvrir un trésor caché? Tout parisien qu'était devenu M. B*** par un long séjour dans la ville des arts, il exalta le jeune violoniste, jugea digne d'un plus grand théâtre son talent naissant et voulut l'entraîner à Paris.

Les raisons qu'il invoquait en faveur d'un tel projet étaient nombreuses et séduisantes, sans doute. L'avocat eut bientôt un parti dans l'entourage le plus cher du séminariste. Mais il échoua auprès de la raison éclairée de son père, dont les conseils tendirent toujours à l'éloigner de cette voie.

Comment raconterons-nous la lutte intérieure qui s'engagea dans l'âme du jeune Félix, passionné d'ailleurs pour son art autant qu'il pouvait l'être, en plaçant l'amour de Dieu au-dessus de toutes choses? Son frêle corps maladif contenait un cœur que la divinité seule pouvait remplir. Et déjà Dieu travaillait ce cœur en y versant à flots son amour vainqueur de tout autre amour.

Cependant ce combat fut pénible. L'enfant se trouva presque seul ; car, en laissant libre son option, quelques-uns des siens penchaient pour le voyage à Paris et la carrière artistique.

D'autres, moins nombreux, lui disaient confidemment : « Félix, reste. Ne cours pas après une « renommée qui peut-être te perdrait. »

Dans une telle perplexité, Dieu fut consulté. C'est ici que le saint ecclésiastique, directeur du jeune homme, raconterait mieux que nous le travail de la grâce et sa victoire.

Félix combattit comme un homme déjà fait pour les luttes héroïques.

Quelques amis, Monsieur l'abbé R*** surtout, soutinrent l'enfant d'élite, lui disant et lui écrivant sous l'inspiration de Dieu : « Entre au grand séminaire. »

Dieu l'emporta, et ce ne fut pas seulement vers le grand séminaire que se tournèrent ses regards et son choix : il rêva d'aller plus loin chercher une plus profonde retraite. Une de ses lettres de l'année 1842 nous l'apprend :

12 janvier.

« Heureux, ma chère Ernestine, qui se sent assez
« fort pour tout abandonner, parents, amis, biens de
« ce monde, afin de mieux se consacrer au service
« de Dieu.

« Pressé par un saint zèle, j'avais formé le géné-
« reux dessein de me préparer par la solitude à
« entrer soit dans les missions, soit à la Trappe, si
« ma santé n'avait été jugée trop peu robuste pour
« supporter les fatigues d'un long voyage et les
« rudes travaux du missionnaire. Tant qu'a duré
« ma résolution, je n'ai donné de moi aucune nou-
« velle. Mais ces jeûnes, ces veilles, cette vie austère
« que je menais, et, je pense quelque diable aussi me
« poussant, m'ont ramené au monde, et j'ai laissé
« ma haire et ma discipline.

« La journée d'hier a été consacrée à mes amis du
« séminaire, qui ont voulu fêter mon retour parmi eux.

« Aujourd'hui je pense pouvoir donner de mes
« nouvelles sans blesser ma conscience. »

Nous n'avons pu découvrir en entier le secret des résolutions du jeune séminariste à cette époque. Ces essais de vie parfaite furent rudes sans doute. Heureusement l'ecclésiastique dont nous avons parlé, cet ami de longue date qui le voulait prêtre, s'employa aussi à le retenir au séminaire.

Dieu rend toujours éloquente la voix par laquelle il dirige une âme de bonne volonté.

A partir de ce moment, l'abbé Félix reprend ses relations de famille. Il écrit de nouveau à sa cousine, avec ce naturel inhérent à toutes ses actions :

« Je remercie bien ma tante de s'être souvenue de
« moi au premier janvier. Pour toi, les charades et
« les divertissements t'empêchaient sans doute de
« me donner un souvenir.

« Ceci n'est pas un reproche ; j'aurais tort de t'en
« adresser après ta charité envers moi l'hiver
« dernier. Maintenant que je suis seul, absolument
« seul, j'en sens davantage tout le prix. »

Sa tante et ses cousines avaient toujours été pour lui une seconde famille.

Comme la tristesse de son grand-père, qui pleurait une fille morte à la fleur de ses années, avait rendu son foyer domestique incompatible avec la musique, ces bonnes parentes le recevaient avec joie, et il avait chez elles sa chambre, son violon et la plus grande liberté.

La cousine à laquelle il écrit et demande « beaucoup

de conseils, » avait été pendant la maladie du jeune Félix l'ange assidu de sa longue réclusion et la société qu'il préférait à toute autre, parce qu'elle ne lui apportait que de l'édification et de pieuses causeries.

Que de fois est-il arrivé que cet ange consolateur et si bienfaisant au jeune malade, trouvant autour de lui un groupe d'amis enjoués, cherchait à disparaître furtivement. Et quand, au contraire, le cercle joyeux faisait place à l'ange qui s'excusait de rester seule et d'être moins gaie : « Oh ! j'aime bien mieux
« te voir, disait Félix. Leur conversation n'est pas
« toujours d'accord avec mes sentiments comme la
« tienne. »

Nous ne serons donc point étonnés de l'abandon et de la confiance qu'il témoigne dans ses lettres à cette amie de son enfance.

« Tu ne peux, en m'écrivant, que me faire un
« très-grand bien. Je relirai attentivement les excel-
« lents préceptes que tu me donnes avec tant de
« sagesse, tout en m'assurant que tu ne veux pas
« me donner de conseils, et augmenter ainsi le
« nombre de mes professeurs. Tes exhortations sont
« fort bonnes, sans doute ; toutefois, laisse-moi te
« dire que j'écouterai plus volontiers celles de ta
« mère : ses conseils seront bien reçus, ainsi que les
« moqueries de ma tante Ernestine, si elle veut bien
« m'en adresser.

« Quant à Alexandrine, elle devrait *me parler de*
« *son fils.* »

CHAPITRE II.

Le Grand Séminaire.

In medio cordis scripsi Domino.

Le jeune Félix entra au grand séminaire de Montauban au mois d'octobre 1842. Voici la première lettre où nous avons retrouvé des détails sur ce grand pas.

29 novembre 1842.

« Il est bien temps, après un mois, que je te dise
« si je me trouve bien ou non. Je me reproche d'être
« resté aussi longtemps sans t'en rien dire.

« Comme le régime que nous suivons est tout
« nouveau pour moi, je pense bien, d'après ce que
« vous m'avez témoigné, que vous n'apprendrez pas
« indifféremment comment je m'arrange dans ma
« nouvelle patrie.

« Je me trouve si bien, que le meilleur souhait
« que je puisse vous faire, c'est que vous soyez
« toutes aussi heureuses que je le suis. Quel lieu que
« le séminaire, ma chère Ernestine ! Et l'on va
« chercher le bonheur si loin, quand ont l'a si
« près !

« Il faut se garder de juger les gens sur l'extérieur.
« Il y a ici une foule d'abbés très-jeunes, à l'air
« humble et simple, qui pensent mieux de la vie
« que beaucoup de vieillards. Je ne crois pas que
« rien ici puisse donner du remords, et quand on a
« fini le jour on peut se reposer tranquillement.

« Je ne veux pas pourtant te dégoûter de m'écrire
« par une trop hâtive envie de sermoner. J'ai
« appris que tu n'aimes pas le sérieux.

« Il ne me vient pas dans la tête de quoi t'amuser :
« je ne sais que des anecdotes apostoliques. J'espère
« que tu ne modèleras pas tes lettres sur la mienne,
« et que tu daigneras me faire part de tes prouesses,
« surtout pendant ce carnaval. Bien entendu que
« ces choses ne me scandaliseront pas.

« Ne tarde pas à me dire si vous allez tous bien,
« si le froid ne fait point de mal à ma tante.
« Alexandrine et le *petit* sont, je crois, les plus
« robustes de la famille.

« Moi, j'ai craint d'abord de maigrir de la pri-
« vation de la musique : le contraire est arrivé.

« Il ne faut pas que j'oublie de t'avertir qu'aucun
« œil scrutateur n'épluchera ton style. Nous sommes
« vraiment hommes ; nul n'a le droit de prendre ce
« qui nous appartient. Moi-même je vais porter
« cette lettre à la poste aujourd'hui, dimanche, en
« allant à la Cathédrale. »

Déjà le jeune séminariste consolait les affligés. La lettre suivante nous le montre exerçant ce pieux devoir.

Montauban, 1er janvier.

« En me disant ce qui fait souffrir ma tante,
« tu m'as rappelé plus vivement ce que je sentais
« avec vous depuis longtemps, quoique jamais je
« ne vous en aie fait de condoléances. Ne pouvant
« pas vous consoler, j'aimais mieux me taire sur une
« douleur qui se calme mieux tout au fond du
« cœur que par des paroles. Tu es là auprès de
« ta mère, ma chère Ernestine, pour lui tenir lieu
« de tout ! Que ne puis-je t'aider !

« Et mon étrenne, quelle sera-t-elle ? Je t'offre
« le premier Nom qui sanctifie ce premier jour de
« l'année. Présente-le à ta mère pour moi ; elle y
« trouvera toutes les consolations. »

Ce disciple obéissant et soumis était déjà un bon conseiller, ce qui n'empêchait pas ses lettres d'être souvent charmantes de gaîté.

« Tu te récries sur la longueur de ta lettre, si
« petite cependant, qu'elle s'était perdue et qu'on
« ne me l'a remise que le 29. Souffre que moi,
« homme, je trouve assez de paroles pour te dépas-
« ser. Nous changerons de personnage, et je serai
« babillard comme une femme tant que tu seras
« aussi réservée.

« La négligence est un défaut enraciné chez moi,
« à un tel point que je désespère presque de m'en
« corriger. Pourtant, je me suis corrigé de bien
« d'autres, et d'un surtout que tu ne pouvais souffrir :
« je ne fume plus, quoiqu'on m'ait donné la per-

« mission de brûler tant de cigares que je vou-
« drai... Tous n'ont pas le même courage.

« Un second défaut dont je me suis affranchi,
« c'est de faire ma partie de billard; et un troisième
« qu'on a entrepris de corriger depuis quelques jours,
« c'est ma laide voix. Trois fois la semaine je
« monte des gammes comme un écolier que je
« suis devenu. On veut qu'au moins je ne fasse
« pas de fausses notes à la *Préface* et au *Pater*.
« Si tu savais comme on rit de moi quand je
« commence seulement à ouvrir la bouche, tu me
« prendrais en pitié ! Prenez soin de la voix d'Emile
« pour qu'il ne soit jamais soumis à de telles
« humiliations, surtout si, comme moi, il comprenait
« qu'il donne la comédie à des maîtres de musique
« qui n'en savent guère plus que le *Marret* (1).

« C'est ainsi que Dieu me punit de vous avoir
« fait danser un certain carnaval...

« Je te conseille d'éviter les soirées qui ne peuvent
« manquer d'avoir lieu dans peu de temps, à moins
« que tu ne veuilles t'exposer à un revers de fortune
« pareil au mien.

« Adieu, et prie pour moi. Bien des choses à
« Alexandrine; à ta mère, courage et consolation; à
« toi, augmentation de sagesse. »

Félix.

Dès ses premières vacances, quand il reparut avec l'habit ecclésiastique dans sa ville natale, au milieu

---

(1) Vieux chantre de l'église de Saint-Antonin.

de ses amis, il montra ce que c'est qu'un clerc, futur élu de la maison du Seigneur. On le vit régulier partout, à l'Eglise, à la maison, dans les rues, et cela avec une aisance qui plaisait à tous.

Qui ne se rappelle à Saint-Antonin quel fut le plus fidèle assistant des catéchismes pendant les années de 1842 et 1847, et qui accompagnait avec plus d'amour le saint Viatique chez les malades.

MM. Ricard et Gamot, vicaires de Saint-Antonin, ne faisaient pas un pas dans leur saint ministère, sans que le pieux Félix, devenant leur disciple, ne voulût s'initier à tous leurs actes de zèle. Il se formait aux saintes coutumes du prêtre et ne voulait rester étranger à aucune divine fonction, les étudiant chacune dans les moindres détails, afin de les remplir avec perfection quand le temps en serait venu.

Nous retrouvons, au milieu de nombreuses pages sur les vacances, où il avait tracé un règlement de prévoyance digne d'un conducteur d'âmes, quelques fortes résolutions, telles que celles-ci.

« Se conduire en vacances de façon à faire bénir
« le sacerdoce.

« Commencer d'être convertisseur d'âmes dans sa
« propre maison.

« Faire très-peu de visites; se tenir en garde contre
« les compliments toujours menteurs; se comporter
« avec une extrême modestie, comme ferait un ange
« s'il était à notre place.

« Lorsqu'on parle du prochain ou d'un condisci-
« ple, avouer franchement sa supériorité, tant en

« piété qu'en science. Rien d'aussi déplaisant que
« l'amour-propre.

« Ne jamais se ressouvenir de tout ce qui pourrait
« nous être désagréable... Une parole douce, dite
« entre mille aigreurs, doit être seule recueillie et
« placée en notre mémoire.

« Ne jamais faire le savant, mais écouter et laisser
« dire les autres. »

Ses frères furent les premiers que toucha son apostolat d'enfant.

Quant à son digne père, nous verrons combien le jeune abbé avait raison de bénir Dieu de le lui avoir donné si chrétien.

« Je tâcherai, dès les premiers jours, continue-t-il,
« d'établir la prière en commun pour toute la famille,
« et puisque papa aime tant la lecture de la *Dou-*
« *loureuse passion de N.-S. J.-C.*, je lui proposerai
« d'en faire tous les jours la lecture en commun à
« une heure réglée.

« Je ne ferai pas comme l'an dernier : il m'arriva
« plusieurs fois de n'avoir pas le courage de quitter
« la conversation, le jeu pour faire la prière avec mes
« frères.

« Je les mènerai avec moi à la messe et leur
« apprendrai à la servir. Je prendrai soin qu'ils se
« confessent régulièrement. »

Du reste, dès les premiers pas dans la vie de séminariste, l'abbé Félix s'incorpora l'habitude de la règle. Mais ne vaut-il pas mieux ici le laisser parler, en suivant page par page ses premiers cahiers de souvenirs, écrits du grand séminaire en 1843 et les années suivantes? Ce n'est point d'abord cette expansion d'une âme dans tout son abandon devant Dieu, comme nous la trouverons plus tard; ce sont les graves préceptes, les solides pensées du futur ministre du saint autel :

« Qu'est-ce qui doit nous porter à accomplir notre « règlement, se demande-t-il?

« 1° L'amour; *cura disciplinæ dilectio est*. Il est « à désirer que nous ne l'observions pas par crainte « du péché, ce qui serait un motif servile.

« 2° L'intérêt de notre perfection; c'est maintenant « qu'il nous faut prendre le pli ; le bouquet d'un « vieux arbre ne prend jamais une belle forme sous « le ciseau.

« 3° L'intérêt des autres, car nous devons être « leur modèle en tout point. »

L'abbé Félix au séminaire, dans cette école de vertus sacerdotales, ne laissait échapper aucun conseil écrit ou donné verbalement; il notait ce qu'il entendait de plus saillant, afin de profiter de tout.

Jetons ici rapidement quelques-unes de ses bonnes pensées de séminariste :

« L'étude de la théologie, très-aride d'elle-même, « ne porte aucun fruit si l'on n'étudie pas aux pieds « de la croix.

« L'examen particulier est comme le régulateur « de tous les autres exercices de la journée. Il en « est le chef; c'est peut-être celui qui nous peut con- « duire le mieux à la sainteté.

« Le silence nous est extrêmement recommandé
« dans l'écriture. Les philosophes grecs eux-mêmes
« le prescrivaient à leurs élèves avant de les ad-
« mettre. Jésus-Christ est resté dans le silence jus-
« qu'à l'âge de 30 ans. La très-sainte Vierge l'a
« pratiqué et ses paroles avec l'ange prouvent
« combien brèves étaient ses conversations. La nature
« elle-même enseigne la beauté du silence.

« La conversation doit être l'annexe de la chaire.
« Quelques saints ont converti plus de gens par la
« conversation que par leurs sermons.

« La lecture spirituelle est non-seulement utile,
« mais elle est indispensable au prêtre. Il doit être
« lui-même le livre où tout le monde fait sa lecture
« spirituelle; mais s'il prêche à tous, nul ne lui
« prêche à lui, et alors comment peut-il nourrir les
« fidèles? *Aruit cor meum, quia oblitus sum com-*
« *medere panem meum.*

« La lecture spirituelle a l'avantage de nous faire
« converser avec les saints et les grands hommes.
« Celui qui lit saint Jean Chrysostôme parle avec
« lui et écoute les secrets de son cœur. On peut
« ressusciter ainsi tous les saints et se trouver avec
« eux, comme les apôtres avec Moïse et Elie sur la
« montagne.

« Dieu et les saints nous prêchent pendant la
« lecture spirituelle, mieux que ne feraient certaine-
« ment nos propres amis.

« Les emplois qui paraissent bas par eux-mêmes
« doivent être acceptés avec foi par le séminariste :

« ainsi servir à table, balayer la chapelle, etc. Dans
« la primitive Eglise, les laïques ne pouvaient avoir
« aucun emploi dans la maison de Dieu. Cette pous-
« sière foulée par les anges, cet autel, demeure mys-
« térieuse de Dieu, demandent des mains pures et
« chéries du Seigneur. »

Cette année l'abbé Félix commença la série des retraites dont ses papiers intimes conservent le souvenir. Dans la première retraite il prend de fortes résolutions, touchant l'humilité surtout. Cette vertu avait pour lui un attrait particulier; il la voulait pratiquer coûte que coûte. Aussi ses pages sont un vrai traité d'humilité chrétienne. Il les termine en disant :

« Le troisième degré d'humilité auquel nous aspi-
« rons, non pas en nous flattant de le jamais atteindre,
« mais bien pour le connaître, au moins en spécu-
« lation, consiste dans la vue claire de ce qui appar-
« tient à Dieu et de ce qui appartient à l'homme. »

A la fin de cette retraite il écrit au sujet de ses résolutions :

« Il ne faut pas me dissimuler qu'il m'en coûtera
« de tenir bon et d'être tranquille, mais nous sommes
« ici pour souffrir principalement. Toute contention,
« tout trouble, tout raisonnement sans fin, tout scru-
« pule, tout ce qui écarte de la confiance en Dieu,
« vient du démon.

« Il faut souffrir et marcher à la suite de Jésus-
« Christ. Il a été abandonné de tout appui surnaturel,
« et il n'en a pas moins été au sommet du Calvaire. »

Ses amis et parents continuaient à venir voir le séminariste et lui faisaient toujours plaisir, sans le distraire de ses études. Il s'identifiait de jour en jour à la vie de séminariste, réglant sa volonté et ses actes sans la moindre hésitation.

Il écrivait un jour à la cousine dont nous avons parlé :

« Tu n'as plus à craindre de retraite, si ce n'est
« que tu vinsses me voir hors des moments de ré-
« création, car alors nous sommes vraiment retraités
« et monsieur Henri V lui-même ne pourrait nous
« faire sortir de notre chambre. Le carnaval n'aura
« pas même le pouvoir de nous procurer une minute
« de plus d'amusement. Et tant mieux ! Quand on
« aime sa cellule, la dissipation est à charge. La
« mienne pourtant, à en juger par l'apparence, n'est
« pas capable d'un grand attrait : quatre cloisons
« toutes nues, une cheminée démolie et une fenêtre
« qu'on ne peut ouvrir ni fermer sans escalader le
« mur au moyen d'une chaise; alors seulement j'ai
« le plaisir de jeter les yeux sur le pavé de la basse
« cour étroite, où jamais nul bruit ne se fait enten-
« dre. Et qui le croirait? (toi sans doute le croiras,
« parce que tu sais les douceurs de la religion), j'aime
« mieux ce logis que tous les palais et que toutes
« les belles vues du monde. Là, tranquille et heu-
« reux comme peut l'être un séminariste, j'étudie la
« philosophie chrétienne.

Vint le moment d'être tonsuré, cérémonie qu'il

annonça aux siens avec une certaine solennité. Aussi s'adresse-t-il à sa tante en cette occasion.

« Permettez-moi de m'adresser directement à vous
« aujourd'hui, et non par l'entremise de notre secré-
« taire ordinaire. Je veux vous parler d'une nouvelle
« de première importance pour moi : je vais prendre
« la tonsure aux prochaines ordinations. Je vais
« faire mon établissement dans la maison de Dieu,
» me fiancer à l'Eglise. Ne m'oubliez pas dans vos
« prières.

« Les prières des enfants, comme vous le savez,
« sont les meilleures ; aussi désiré-je beaucoup
« qu'Émile en fasse une pour moi le matin et le soir.
« Il pourrait adresser une demande bien courte à la
« Sainte-Vierge, dont nous célébrons aujourd'hui lundi
« l'Immaculée Conception; ainsi proposez-là lui, vous
« qu'il appelle si bien sa maman, et dites-lui que c'est
« pour moi; je vous assure que tout petit qu'il est,
« et précisément pour cette raison, il peut me rendre
« de très-grands services auprès de Dieu.

« J'espère donc que vous ne m'oublierez pas à
« l'église ; je vous promets de vous payer de la même
« monnaie, quoique la mienne ne soit pas de très-
« bon aloi. »

Votre neveu,
Félix.

Il continue avec sa cousine :
« Je réclame aussi tes prières et celles d'Alexan-
« drine; je la supplie de ne pas se tromper de livre

« et de ne pas prendre Jules Janin au lieu de son livre
« d'heures ! La prière, faite dans le premier, ne
« serait pas aussi profitable assurément, quoiqu'elle
« en puisse dire. »

Félix.

L'année de philosophie et de théologie poursuivit
son cours et amena notre jeune séminariste à des
études toujours plus sérieuses, jusqu'aux vacances
de 1844, qu'il annonçait ainsi :

« Nos vacances vont avoir lieu, et la raison me
« dit que je pourrais bien me faire violence jusqu'à
« ce temps, mais tu sais que la sévère raison ne
« nous conduit pas toujours ; d'ailleurs, cette petite
« brèche que je lui fais, en cédant à l'envie de
« t'écrire, ne lui fait pas grand tort.

« De plus, j'éviterai par là d'être accusé de sau-
« vagerie, comme tu l'as fait dernièrement, quoique,
« à bien considérer les choses, je puisse tourner
« l'arme contre toi. Ah ! que ne sais-je tirer parti
« de mon droit comme tu le ferais si nos rôles étaient
« renversés ! Heureusement pour toi je suis fort
« malhabile dans l'art de plaisanter, et je ne
« veux pas, en essayant de le faire, te donner
« l'occasion d'exercer à mes dépens ton habileté en
« ce genre.

« Nous sommes à la veille de nos examens. L'ardeur
« au travail attaque la santé de quelques-uns d'entre
« nous. Pour moi je tiens ferme, sans doute parce
« que je n'ai pas le défaut de trop travailler. Cepen-

« dant j'ai la tête chargée d'arguments philosophiques
« et théologiques qui sont assez secs par eux-mêmes,
« et je t'avoue que la certitude de trouver en t'écri-
« vant une agréable distraction à ces études sérieuses,
« n'a pas peu contribué à me faire commencer cette
« petite lettre.

« Je te demande quelques courtes prières, afin que
« je me tire de ce pas de façon à contenter notre
« Évêque ; il nous a fait dire qu'il se proposait d'y
« assister.

« Ces choses t'intéressent peu ; pour nous, c'est
« notre souci quotidien, comme les autres jeunes
« gens quand ils briguent une *pancarte* de bachelier.
« C'est là qu'on nous juge, en partie du moins. »

Il allait finir sa troisième année de grand séminaire.
Était-il alors d'élève plus avancé en mortifications ?
Quoique fort souvent malade, on ne le vit jamais
en quête de ces petits soulagements, si aisément
permis. Il s'était fait une pratique de ne rien demander
et de ne rien refuser, et s'il s'éloignait de toute recherche de ses aises, il acceptait volontiers les soins
attentifs de sa famille et de ses amis.

Nous connaissons déjà son éloignement pour tout
confort ; la lettre suivante nous montre sa condescendance :

« J'ai bien des remerciements à te faire pour les
« objets que tu m'as envoyés, quoique j'eusse résisté
« à l'offre que tu m'en fis avant mon départ. Tout
« cela m'a été plus utile que je ne l'avais cru.

« Il m'a fallu prendre cette année des précautions

« que je n'avais pas imaginées. Non pas que je sois
« tout à fait valétudinaire, mais j'ai dû me rendre à
« l'évidence et convenir que ma santé avait besoin
« de ces ménagements.

« Je voudrais que tu me visses dans l'équipage où
« je me mets pour aller assister au cours de théo-
« logie... J'entasse chaussure sur chaussure, bas,
« chaussons, *alpagates,* mes pieds sont comme des
« pieds d'éléphant; cette vue seule te dédommage-
« rait de toute la peine que ces choses t'ont coûtée.
« J'ai fait rire plusieurs de mes condisciples. Je laisse
« rire et me contente de me bien trouver de ma qua-
« druple chaussure. »

La santé du pieux élève de théologie n'était pas évidemment à la hauteur de son courage, et nous pouvons à peine comprendre comment il pouvait supporter, avec des souffrances à peu près continuelles, une vie qui ne s'arrêtait jamais dans l'exercice d'un saint zèle et d'un mépris de soi porté au plus haut degré.

Notre abbé, depuis son rhumatisme de l'enfance, souffrit donc sans trêve. La souffrance fut sa compagne, et certainement son amie ; la souffrance que Dieu envoie, dit sainte Thérèse, comme récompense aux âmes prédestinées.

Ce serait bien le lieu de parler des vertus du pieux séminariste, mais elles se résument dans les notes de ses cahiers que nous avons sous les yeux. En lisant, selon l'ordre qu'il y a mis lui-même, ces quelques élans de son âme, portant chacun leur date précise et entremêlés parfois à ses devoirs écrits, on connaît mieux son ardeur et sa marche rapide vers la perfection.

Dans tout le cours de l'année 1845, il étudia la théologie, il s'essaya à la composition des sermons, en reposant de temps en temps sa plume dans de courtes expansions de son cœur.

Cueillons quelques unes de ses pensées avant son ordination au sous-diaconat :

Décembre 1845.

« Je me suis senti, pendant plusieurs jours, à la
« messe, à la méditation, à la visite, à mes com-
« munions, pressé d'un désir très-fort de mourir à
« moi-même pour vivre tout-à-fait à Jésus-Christ.
« Ce sentiment est né de la lecture de l'Evangile de
« saint Jean, ch. XII, verset 24 et suivants : *Nisi*
« *granum frumenti cadens in terram mortuum*
« *fuerit, ipsum solum manet; si autem mortuum*
« *fuerit, multum fructum affert*..................
« J'ai compris que pour porter beaucoup de fruit
« dans le ministère, il me faut mourir à mes affec-
« tions et suivre Jésus-Christ..... Il s'est perfectionné
« dans le chemin de la Croix.
« Je me suis offert à lui le jour de la fête de saint
« François-Xavier, et j'ai renouvelé ce don de moi-
« même, quelques jours plus tard, le 8 de ce mois,
« entre les mains de la Sainte-Vierge conçue sans
« péché. Pendant ces jours là, cette pensée m'a plus
« préoccupé que toute autre chose. »

Plus loin :

« Vraiment, ô mon Dieu, c'est aujourd'hui que
« je comprends que tout bien vient de vous et le
« mal de nous. Aussi, si l'on trouve quelque chose
« de bon en moi, je vous en rendrai grâce et je ne
« m'en considèrerai pas davantage, je ne désirerai
« le faire servir qu'à votre gloire; s'il y a du mal,
« tant pis, mais je ne me troublerai ni ne me tour-
« menterai pour cela.....

« Je pense ces jours-ci, dans tous mes exercices,
« que je suis bien ingrat envers le bon Dieu. J'aime
« profondément certaines personnes, comme mon
« père, mes frères, mes amis, parce que je leur dois
« beaucoup, parce qu'ils m'ont souvent témoigné
« qu'ils prenaient part à ce qui me touche. Je me
« sens très-porté vers eux, pensant qu'à cause de
« moi j'ai vu souvent des larmes d'attendrissement
« remplir leurs yeux!.... Et le bon Dieu! je ne pense
« presque pas à son amour excessif pour moi!...
« Je me complais dans cette pensée,... je la tourne
« de diverses façons, suivant mes exercices, pour la
« mieux sentir. Au chemin de la Croix, je suis Jésus-
« Christ en lui criant que personne ne m'aime comme
« lui; à la visite, je me le figure comme il apparut,
« je crois, à sainte Gertrude, me voulant tout don-
« ner, les mains remplies de grâces; à l'examen, je
« vois que j'ai offensé mon unique ami, mon meil-
« leur ami. Quelquefois je pense que Dieu m'a créé,
« m'a pardonné, m'a donné son fils, m'a accordé
« tout ce que je lui ai demandé en priant. Et à tout

« moment, dans les récréations, à l'étude, je me dis :
« Félix, qui aimes-tu ? à quoi penses-tu ? Qui pense
« à toi, qui t'aime, qui se sacrifie pour toi ? Et
« c'est toujours le doux nom de Dieu, de Jésus-Christ
« qui vient à ma pensée.

« Oh ! oui, jamais aucune affection ne me possè-
« dera comme celle-là ! »

Janvier 1846.

« Que Notre-Seigneur me donne de beaux exemples
« dans l'Eucharistie ! Il me semble qu'il me dit : Imi-
« te-moi, puisque je ne suis venu que pour t'enseigner.

« Quelle patience pour supporter le mal, lui qui le
« pourrait détruire par un mot ! Il supporte nos
« froideurs, nos abus, et il nous aime toujours...

« Pour moi, je veux tout avec une extrême ardeur.
« S'agit-il par exemple du bréviaire romain, je m'em-
« porterai contre toute la France ; je traiterai dure-
« ment tous ceux qui ne veulent pas y revenir, etc.,
« etc. C'est que je veux tout humainement, non pas
« pour Dieu. Dorénavant je ne désirerai cela et les
« autres choses qu'en Dieu, les voulant et les désirant
« dans le cœur, mais attendant les ordres de la Pro-
« vidence. Je ferai comme Notre-Seigneur, qui
« aime et qui presse doucement par sa grâce ; je
« ne diminuerai rien de la douceur et de la charité,
« ne défendant pas chaleureusement mes arguments,
« mais les proposant simplement et sans insistance. »

« Je lisais ces jours-ci dans la retraite du Père de
« La Colombière, que quelquefois, en considérant

« ses misères, surtout quand il venait de commettre
« une petite infidélité, il tombait dans une si grande
« tristesse, que sans la grâce de Dieu il se serait laissé
« aller au désespoir; mais, par la grâce de Dieu,
« il entrait au contraire dans une plus grande con-
« fiance, voyant que Dieu le soutenait. J'éprouve
« les mêmes sentiments.

« J'ai été infidèle et le trouble, la tristesse, m'ont
« abattu... Mais, ô Dieu, que cela m'a été utile! Que
« mon amour-propre en a été diminué! Combien
« plus de confiance et d'abandon j'ai en Notre-
« Seigneur Jésus-Christ.

« Une vue qui me console très-fort, c'est que pour
« savoir si l'on est attaché humainement aux choses
« où l'obéissance nous engage, si l'on déplaît à Dieu
« en prenant, même saintement, du plaisir dans les
« nécessités de la vie, dans la jouissance d'une grande
« réputation, dans la gloire qui suit nos travaux,... il
« n'en faut pas juger, ce me semble, par le sentiment
« qu'on éprouve, parce que, selon la nature, il est
« aussi impossible de ne pas sentir le plaisir que ces
« sortes de biens portent avec eux, qu'il est impossi-
« ble de ne pas sentir le feu quand on l'applique à
« des parties sensibles.

« Mais il faut examiner : 1° si l'on a cherché ce
« plaisir qu'on y goûte; 2° si l'on aurait de la peine
« à le quitter; 3° si la gloire de Dieu étant égale et
« le choix libre, nous choisirions plutôt les choses
« désagréables et obscures. Il me semble que, quand
« on est dans cette disposition, on peut travailler

« avec une grande liberté et un grand courage à
« l'œuvre de Dieu, et mépriser tous les doutes et tous
« les scrupules. »

Par quelques-unes de ses lettres écrites du mois de mai, sous l'influence des premières fêtes du mois de Marie, qui commencèrent, vers cette époque, à se célébrer à Montauban avec grande pompe, l'abbé Vaissière nous ouvre son cœur à l'endroit de sa confiance en la sainte mère de Dieu. Elle fut toujours pleine et sans bornes. Ces lettres, que nous intercalons ici au milieu de son journal d'alors, le prouveront:

Grand Séminaire, 30 mai 1845.

«.... Pour toi, tu ne te ménages pas assez : sans
« doute il est très-bon d'user sa santé au service de
« Dieu et de la Sainte-Vierge (ce qui revient au même),
« mais il ne le faut faire qu'avec discrétion. Ton
« zèle pour chanter les louanges de la Mère de Dieu
« t'emporte trop loin. Hélas! peut-être tu en fais
« plus qu'elle ne veut, et alors que te servira d'avoir
« tant chanté ? Tout ce qui ne t'aura pas été inspiré
« par le pur motif de son honneur et de sa gloire ne
« te rapportera pas le moindre avantage.

« Après tout, comme tu t'es employée au service
« d'une si bonne Reine, qui ne sait refuser ni la
« moindre ni la plus grande chose, tu peux la som-
« mer, au nom de sa miséricorde, de te rendre ce
« que tu as perdu en ajoutant à la pompe du mois
« qui lui est consacré. Je ne serais pas, je te l'assure,
« étonné le moins du monde, qu'en faveur de ces

« petits services, elle ne te rendît de ta santé, même
« ce que tu n'as pas délabré pour elle.

« Demande lui donc *effrontément*. Rien ne rap-
« porte comme le commerce avec cette riche Reine...
« On dirait qu'elle se laisse voler par plaisir. En
« lisant certaines pages écrites par de grands Saints
« à sa louange, certains faits anciens et d'autres tout
« à fait récents, je suis *abasourdi* quelquefois, c'est
« là le terme, de ce qu'on obtient par elle. J'en ai
« fait moi-même l'essai ; je te conseille d'en faire
« autant. Réfléchis sur la fameuse prière : *Souvenez-*
« *vous*.... Elle est très-vraie, à la lettre ! Tu seras
« assurément *troublée* d'être sitôt et si facilement
« exaucée. On s'y attend, et l'on ne peut néanmoins
« s'empêcher d'être ému d'une telle miséricorde...

« Enseigne Émile à l'aimer de bonne heure. Dis-
« le à Alexandrine. C'est l'unique moyen de lui as-
« surer un bon avenir.

« Dieu montre bien qu'il a remis tout entre les
« mains de Marie, en agrandissant son culte d'une
« manière si prodigieuse dans nos derniers temps.
« Quiconque ne se met sous sa conduite, n'est
« guère en sûreté, et au contraire elle ne laisse rien
« périr de ce qu'on lui confie. »

Dans une autre lettre il loue l'Archiconfrérie, qui venait de prendre naissance à Paris sous le titre de Notre-Dame-des-Victoires, et déjà il comprend cette dévotion sublime, si encourageante, et destinée à faire tant de conquêtes sur les pécheurs:

« Je vous ai fait tous recevoir dans l'Archiconfré-

« rie du Très-Saint et Immaculé Cœur de Marie,
« pour la conversion des pécheurs, dans la pensée
« de vous faire grand plaisir.

« Je te prie d'expliquer à Alexandrine ce que c'est
« que cette confrérie moderne, qui attire en ce mo-
« ment l'attention de tout le monde par ses fruits
« merveilleux, et que l'on met sur le même pied que
« la Propagation de la Foi. Dis-lui toutes les indul-
« gences que l'on peut y gagner. En un mot, fais-
« lui part de tout ce que tu en sais. Que si tu
« n'avais pas toi-même toutes les connaissances que
« tu désires, fais-le moi savoir, du moins si tu y tiens,
« et je tâcherai de t'envoyer les mémoires périodi-
« ques que l'on publie. Seulement, je vous recom-
« manderai de ne pas m'oublier dans vos prières.

Juin 1845.

« Je t'envoie un fragment d'un petit billet que
« Capin (1) m'écrit. Il s'est adressé à M. Desge-
« nettes (2) aussi éloquemment qu'il l'a pu faire, et
« lui a recommandé toutes les personnes que je lui
« avais indiquées. En outre, il a envoyé ton propre
« billet à Notre-Dame-des-Victoires... Je suis per-
« suadé que cela te fera plaisir et ranimera en toi
« la confiance qui doit être en nous, enfants
« d'Abraham par la Foi, comme elle était dans le

(1) L'abbé Capin, son ami, alors élève de Saint-Sulpice.

(2) Curé de Notre-Dame-des-Victoires, premier promoteur de l'Archiconfrérie.

« patriarche dont les Ecritures nous disent qu'il
« espéra contre toute espérance et que cela lui fut
« imputé à justice.

« J'embrasse Emile, que je recommande à votre
« sollicitude, afin que vous mettiez dans son jeune
« cœur les premières affections qui doivent animer
« une créature faite pour aimer Dieu.

27 Décembre 1845.

«.... J'ai déjà parlé plusieurs fois à un de mes
« condisciples, à présent vicaire de Villebourbon,
« où est établie une *fille* de l'Archiconfrérie. Il m'a
« promis de s'intéresser à nous de tout son cœur...
« Il nous faut beaucoup espérer, parce qu'il n'y a
« pas d'exemple que cette bonne Mère ait rejeté
« la prière de personne. Je t'assure que je l'ai
« expérimenté.

— « Si ta dévotion te portait à faire une neuvaine
« et à offrir toutes tes prières et tes communions
« à cette fin, je puis disposer de prières et de com-
« munions de beaucoup de mes amis, qui ne deman-
« dent pas mieux que de prier pour de bonnes
« œuvres.

Mai 1846.

« Je sais que vous avez fait des merveilles ce mois
« de Marie, je t'en félicite. Si vous aviez besoin
« de quelques morceaux de chant pour compléter
« votre répertoire, je me ferais un plaisir de t'en
« envoyer, et un plaisir d'autant plus grand qu'il

« sera plus intéressé, car j'espère que tu voudras
« bien m'accorder le secours de tes prières, dans
« les circonstances décisives où je me trouve. De
« mon côté, je t'assure que je n'ai rien oublié de
« ce que tu as pu me recommander autrefois.

« Ne te force pas pour chanter surtout. Le zèle
« ne doit pas être imprudent. Cela pourrait te
« faire beaucoup de mal, quoique dans le principe
« cela paraisse peu. »

Dans toutes les grandes circonstances de sa vie du séminaire, il ne manquait pas d'avertir sa famille et, en l'associant à ses émotions, il demandait des prières :

« Je suis bien proche du jour de mon ordination,
« écrivait-il le 2 juin 1846. Dans deux jours j'en-
« trerai en retraite. Je veux t'en parler moi-même,
« pour t'engager, par tous les liens de parenté et
« d'amitié qui unissent nos deux familles, à prier
« Dieu que je reçoive comme il faut l'ordre du sous-
« diaconat.

« Je veux en même temps réparer la faute que
« j'ai commise en ne demandant pas de prières à
« Alexandrine. Elle aura pris cela pour une malice,
« quoiqu'il n'y en ait aucune... Je croyais m'adresser
« en ton nom à toute la famille. Je te prie de me
« servir d'avocat auprès d'elle, et de m'obtenir sa
« protection auprès de Dieu et des Saints, spé-
« cialement de la Sainte-Vierge.

« Je compte beaucoup sur les prières de ma
« tante, dans lesquelles j'ai plus de confiance que

« dans les vôtres (ceci soit dit sans te déplaire). »
Reprenons les notes intimes :

14 juillet 1846.

« En lisant dans un petit livre intitulé : *Mémoires
« sur la vie de Notre-Seigneur Jésus-Christ,* je
« vois que Notre-Seigneur ne pratiquait pas les
« mêmes austérités que les Nazaréens, qu'il usait
« de vin et de viandes comme le commun des
« Juifs, et j'ai fait ce petit retour sur moi-même :
« Au séminaire, je m'impatiente intérieurement
« lorsque je vois des condisciples prendre un peu
« de plaisir à un mets délicat ; hors du séminaire,
« je fais de même, et mon cœur bouillonne et s'en-
« flamme dans ces occasions, surtout lorsqu'on
« parle de l'austérité comme n'étant bonne que
« pour les seuls religieux et les anachorètes.

« Et Notre-Seigneur que faisait-il ? Ne supportait-
« il pas la faiblesse, la grossièreté des Juifs ? N'outrons
« donc rien. Ne faisons pas ces choses plus mau-
« vaises qu'elles ne sont, aimons la mortification
« sans en rien laisser paraître, et ne fatiguons pas
« les autres par des enseignements qu'ils ne pour-
« raient supporter et que Dieu ne veut pas que
« nous leur donnions, parce qu'il n'exige pas
« d'eux ce point de perfection. Bénissons-le, en
« même temps, de ce qu'il veut nous faire goûter
« le plus parfait.............................

15 juillet 1846.

« Dieu a nom *être*; il ne faut pas nous le figurer

« comme s'il existait selon l'idée que nous nous en
« faisons. Il est très-*un*, très-simple. Qu'est-ce
« à dire ? Nous faut-il d'après cela faire abstraction
« des choses extérieures par l'intermédiaire des-
« quelles nous le contemplons, et cela sous le
« prétexte de nous rapprocher du vrai en purifiant
« nos idées ? Non. Ce serait au-dessus de nos forces.
« Dans cette manière sensible de nous mettre en
« rapport avec lui, il y a plus de vérité qu'il ne le
« paraît tout d'abord, en raisonnant d'après une
« sèche métaphysique.

Octobre.

« O mon Seigneur Jésus, je viens d'entendre dire
« que l'on prenait un soin extrême d'un chien
« recommandé par un mourant à son héritier, et
« ce soin on le prend uniquement pour reconnaître
« la bienfaisance du mourant en observant ponc-
« tuellement sa volonté.

« Et vous, Seigneur, qui léguez à vos prêtres,
« en mourant, les hommes rachetés de votre sang !.....

Octobre.

« Mort de M. l'abbé Niel à Dieppe. L'*Univers*
« a une petite notice sur lui.

« Né à Saint-Antonin, le 9 octobre 1792, il part
« avec Monseigneur Dubourg en 1817 pour l'Amé-
« rique, n'étant que diacre. Il est le premier prêtre
« ordonné dans ces contrées. Il est nommé curé
« de Saint-Louis en 1818, est atteint en ce temps

« des fièvres intermittentes, il prend un traitement
« arsénical qui le guérit, mais le dispose aux
« attaques qui l'ont emporté.

« En 1825 il revient en France pour prêcher
« la Propagation de la Foi, *qu'il avait contribué à
« fonder en 1819. On n'a point assez connu
« l'histoire de cette œuvre civilisatrice, qui fut
« une bien noble pensée de l'abbé Niel.*

« — Ce sont les paroles de l'*Univers.*

« Il était vicaire-général de la Louisiane. Il va
« en prêchant jusqu'à Rome, où le Pape Léon XII
« veut le faire évêque aux Etats-Unis. Il refuse.
« Sa faible santé le retient en France.

« Il ne parlait des Sauvages, « ses enfants, » que
« les larmes aux yeux.

« Il prêche quelque peu, est aumônier 6 ans à
« l'Institut des Jeunes-Aveugles, puis se retire à
« l'hôpital de Sainte-Thérèse. Il ne pouvait plus rien
« faire.

« Il partit en 1844 pour Dieppe, espérant guérir
« pour retourner en Amérique. Il parlait souvent
« d'être enterré les pieds tournés vers les Natchez.

« Le maire de Dieppe comprit cette belle pensée,
« et dérangea pour lui l'ordre des sépultures.

Octobre.

« O mon Dieu, qu'il m'est pénible de vivre au
« milieu de gens qui n'observent pas votre loi avec
« ardeur! Qu'il m'est dur de ne voir pratiquer
« aucun de vos conseils de perfection, et de rester

« ainsi sans exemple, sans soutien autre que celui
« de la foi.....

« J'aimerais mieux être dans une communauté
« religieuse. Mais je ne veux jamais me décourager.
« Je me souviendrai de ce que j'ai appris au sémi-
« naire et dans les livres de vos apôtres et de vos
« saints.

« Quoi! je prétends vous aimer et vous faire
« aimer, je voudrais vous faire connaître aux infi-
« dèles et je serais lâche, quand le combat est
« encore si peu rude pour moi!

« O mon Dieu, ne m'abandonnez pas! Donnez-
« moi du courage, afin que je lutte bravement,
« malgré les blessures que je recevrai. Guérissez-
« moi vous-même, ne permettez pas que je succombe
« jamais tout à fait, et je vous servirai, non-seule-
« ment dans ce diocèse, mais aux missions, si vous
« m'y appelez.

« O mon Seigneur Jésus, je brûle d'amour pour
« vous! Je veux me consumer à votre service...
« Mais, que je fais mal la besogne facile que vous
« m'avez départie pour ces vacances, dans ma
« famille et au dehors.

« Secourez-moi. *Tu es petra mea, refugium*
« *meum, firmamentum meum.* »

Il devait être diacre avant la fin de 1846, et voici
comment il l'annonce à sa famille :

Grand-séminaire, 14 décembre.

« Je suis sur le point d'entrer en retraite pour me

« préparer à être ordonné diacre samedi. J'espère
« beaucoup de la ferveur de tes prières. J'aurais
« voulu te les demander plus tôt, parce que ce n'est
« pas au dernier moment qu'il faut s'y prendre
« pour se préparer à un si grand sacrement. Mais,
« outre que je ne pouvais pas être certain absolu-
« ment de recevoir cet ordre si tôt, je présumais
« que tu me donnais une part du fruit de tes fer-
« veurs. Redouble-les, je t'en prie, pendant cette
« semaine. Ce n'est pas à toi seule que je m'adresse;
« je demande aussi le souvenir de ta mère et
« d'Alexandrine.

« Tu me pardonneras ma courte lettre; je n'ai
« à peu près qu'une chose dans l'esprit, et tu le
« sais, ou tu peux facilement deviner dans quel
« état mettent ces sortes de pensées. Quand le
« sacrifice sera fait et accepté de Dieu, comme je
« l'espère, et que je n'aurai plus à m'occuper de la
« préparation qu'il faut apporter à mon indigne
« offrande, je t'écrirai encore pour te faire part de
« mes nouvelles joies. »

Ici nous n'avons qu'à suivre la continuation du journal pendant la retraite.

Décembre 1846.

« Notre-Seigneur Jésus-Christ ayant dit que le
« prêtre est la lumière et le sel de la terre, et que
« cependant, quand Dieu voudra punir le monde,
« il lui enverra de mauvais prêtres, j'en conclus que,
« par une terrible permission de Dieu, il y a eu et

« il y a aujourd'hui des prêtres sans zèle, et que
« moi-même, vu mon passé et mon état présent de
« tiédeur et d'irréflexion, je serai nécessairement un
« de ceux-là, si Dieu miséricordieux ne me remplit
« lui-même de ce que je néglige d'acquérir. Sur
« cela donc, j'ai pris la résolution de méditer et de
« prier pour obtenir le zèle et l'ardeur de gagner
« les âmes.

« Ma pratique sera de communier tous les vendre-
« dis et d'entendre la messe en réfléchissant sur
« le dévouement de notre doux Seigneur, afin que
« par là je sois poussé à me dévouer tout moi-même
« à Dieu et au prochain.

« Jésus-Christ a mis son sang entre les mains du
« prêtre. C'est un trésor pour racheter le monde.
« Il ne lui reste qu'à trouver des dispensateurs.

« Dieu a résolu que l'application de la mort de
« son fils Jésus serait faite par ses ministres. Le
« monde a donc besoin de leurs travaux. Que répon-
« dront les prêtres auxquels Jésus-Christ demandera
« compte de ses trésors, s'ils les ont enfouis,
« laissant tomber en enfer les âmes pour lesquelles
« le Sauveur est mort? Quelle perte irréparable !

« — J'ai médité sur ce qu'un saint personnage,
« dans le commencement de l'Église, reçut un
« jour réponse de Dieu de ne plus pleurer ses
« péchés, mais de s'exercer à l'amour. Dans l'action
« de grâce il ne faut pas pleurer, mais se réjouir
« de ce que Dieu nous appelle à l'amour.

« Je pensais aussi que Dieu n'en agissait pas ainsi

« avec moi seul, mais avec tous les hommes. Pré-
« cisément je ferai la communion pour que Jésus-
« Christ me donne l'amour surnaturel de mes
« frères. »

15 décembre 1846.

« Récite-t-on l'office avec l'attention et la dévotion
« convenables quand on le dit sans respirer et
« précipitamment, liant les versets, les *gloria*, les
« *alleluia*, les *oremus*, non pas d'après le sens des
« paroles, mais d'après le besoin que l'on a de
« s'arrêter pour respirer ?..... Toutes les fois que
« j'ai fait ainsi, quoique d'ailleurs je me tinsse dans
« un assez grand recueillement, je n'en ai pas
« retiré de fruit. Quand je l'ai récité au con-
« traire lentement, pour percevoir le sens de chaque
« mot, quand je me suis arrêté un temps très-
« court, il est vrai, pour savourer la douceur d'un
« *alleluia*, y mettre toute l'affection de mon cœur,
« quand je me suis arrêté au commencement d'un
« psaume pour me mettre en harmonie avec lui,
« quand je me suis recueilli pour dire *oremus*, ne
« liant pas ce mot avec l'oraison, mais en m'aver-
« tissant moi-même que j'allais parler à Dieu, ah!
« que j'ai été content d'avoir dit ainsi mon bré-
« viaire !.....

« Ainsi faudra-t-il faire toute notre vie, mon âme !..
« — Parmi les dévotions, nous devons aimer
« de préférence celles qui sont simples et communes,
« usitées parmi les bonnes femmes, telle, par exem-

« ple, que le *chapelet*. On ne risque pas de
« s'enorgueillir, mais on nourrit son humilité et
« l'on gagne beaucoup de grâces.

« — Veillons aux petites actions de chaque jour
« qui s'offrent à nous continuellement... D'ailleurs,
« les actions éclatantes, le martyre, les tribulations
« extraordinaires... n'arrivent pas tous les jours...
« et nous ne serions pas parfaits de vouloir ce
« que Dieu ne nous offre pas. »

Vers Noël 1846.

« Quand Notre-Seigneur vint au monde, saint
« Joseph et la Sainte-Vierge, voyant ce faible enfant
« dans leurs bras, confié à leur sollicitude, devaient
« être saisis du plus grand respect et de la foi la
« plus vive qu'excitaient encore la révélation qu'ils
« avaient reçue, les circonstances, et surtout les
« grâces de celui-même qui venait de naître. Ils
« étaient sans doute saisis, si j'ose le dire, du
« plus grand tremblement et se seraient prosternés
« volontiers la face contre terre devant cette fai-
« blesse apparente. Voilà ce que je me figure. Mais
« en même temps, oh! que cette faiblesse devait
« les porter à aimer et à caresser ce doux nouveau-
« né! Quel mélange de crainte et d'abandon, de
« tendres désirs d'embrasser cet enfant si aimable
« et de s'anéantir dans l'adoration!...

« Oh Jésus! que cela m'apprend à vous aimer
« comme il faut dans le Saint-Sacrement. N'y êtes-
« vous pas dans une condition à peu près semblable?

« Que je m'approche de vous avec la plus grande
« confiance et la plus respectueuse familiarité !

« O mon amour ! que peux-tu imaginer de plus
« digne de tes désirs que Dieu même !

« Dans ce mystère je trouve un autre enseigne-
« ment touchant la dévotion à la Sainte-Vierge et
« à saint Joseph. Je me figure saint Joseph con-
« templant le Saint-Enfant sur les genoux de Marie,
« sa mère. Il devait se dire : Voilà celle que le Sei-
« gneur a choisie. Je ne dois pas me laisser tromper
« par cet extérieur ordinaire. Elle est la première
« des créatures. Et voilà que je l'ai pour épouse
« et que je vais partager avec elle le soin de
« nourrir mon Dieu. Et telle est sa douceur et son
« affabilité que je ne me sens pas le moins du
« monde éloigné d'elle, malgré sa dignité.

« Oh ! que cela me fait comprendre que le respect
« doit être mêlé de l'amour le plus tendre !

« Le fils de Dieu n'aurait-il pas pu, dans sa
« puissance, trouver d'autres moyens que l'Incar-
« nation pour me racheter ? Je ne veux pas examiner
« cela, je veux considérer tout l'amour qu'il me
« témoigne dans les moyens qu'il a choisis. Je
« veux les adopter, marcher à sa suite comme il
« convient à un esclave racheté.

« Ce petit enfant faible et pauvre, qui semble
« n'avoir pas l'usage de la raison, c'est le Dieu,
« le Créateur de tout ce qui est !... Quel abaisse-
« ment !... Et moi, je n'ai pas encore pu me défaire
« d'un amour désordonné pour l'estime des hommes,

« de mes maîtres, de mes condisciples..... Cependant,
« je n'ai rien d'estimable!...

« Oh! dès à présent je vais commencer effica-
« cement à m'oublier, à me sacrifier pour les autres,
« à faire comme Jésus.

« Je remarque en Jésus une autre chose que je veux
« imiter. Il méprise tout ce qui ne va pas au-delà de
« la vie présente; il ne veut pas être riche; il ne
« veut pas faire sa volonté; il ne cherche pas à
« s'éloigner des souffrances. Je veux, dès mainte-
« nant, dans ma petite sphère, me sacrifier à Dieu
« dans les moindres commandements de la règle,
« et renoncer à de petites bagatelles qui pourraient
« diminuer d'autant l'amour que je veux porter
« à mon Sauveur et aux choses d'en haut.

« Oh! que je regrette le temps que j'ai perdu
« jusqu'ici! Je refusais de sortir entièrement de
« moi-même. Dès aujourd'hui je m'en vais mettre
« sérieusement la main à l'œuvre. Cette nouvelle
« année sera pour moi le commencement d'une
« vie nouvelle.

« O Vierge Marie, qui portez entre vos bras mon
« Sauveur, faites-lui agréer ma résolution, et con-
« servez en moi, pendant toute ma vie, les disposi-
« tions où je me trouve présentement! »

Si nous n'avions fait que résumer ce que nous
avions sous nos yeux des écrits de notre abbé
pendant ses dernières années de séminaire, nous
aurions pu dire qu'il ajoutait une étude spéciale de
l'humilité à celle de toutes les autres vertus. Mais

n'aime-t-on pas mieux le lire lui-même, et les tendances de son âme vers les plus parfaites vertus ne se dévoilent-elles pas à chaque ligne ?

Qu'était devenu l'artiste sous la tonsure et les premières onctions sacrées ?

L'artiste transformé, comme l'appelait naguère un ami qui a su le faire si chaudement revivre (1), l'artiste n'était pas mort. Quelques courts instants de repos lui avaient permis de prendre son violon.

Un jour, au grand séminaire, il découvrit un musicien ; il l'écrivit à son père, tout heureux de sa découverte.

« Nous avons un violoniste, *peu habile.* Si tu
« pouvais m'envoyer quelques duos faciles, tu nous
« procurerais le plaisir de faire un peu de musique
« ensemble les jours de congé. »

Ses maîtres savaient alors que la musique ne pouvait pas lui faire perdre pied dans la voie qu'il suivait d'un cœur si fidèle et si fervent.

Il fit donc de la musique.

« L'Amour de la musique, a dit un grand écrivain,
« a des charmes si forts, que les plus grands Saints
« n'ont pu s'empêcher de se plaire à ouïr les
« concerts. (2) »

Cette passion, d'ailleurs si élevée, fut pour notre

---

(1) M. l'abbé Peujade, aumônier du couvent des Dames Noires, qui a publié dans les journaux de la région quelques notes nécrologiques.

(2) La mère de Changez. — Vies des premières religieuses de la Visitation, recueillies par Veuillot

pieux abbé un champ fertile en mortifications, comme nous le verrons dans la suite de ses écrits.

Il n'employait pas, du reste, tous ses temps libres à cet art qu'il aimait tant; ses études, au grand séminaire et pendant ses vacances, s'étendaient toujours, embrassant toutes les branches d'instruction qui pouvaient lui apporter un degré de plus de lumière et le mieux disposer à l'apostolat.

Il ne fut pas étranger à la langue hébraïque. Nous retrouvons ses cahiers de la dernière année de grand séminaire remplis de notes sur l'étude de l'hébreu, qui paraît lui avoir été facile et intéressante.

« En expliquant l'hébreu, dit-il quelque part, « je n'aimais pas qu'on cherchât avec affectation à « ne placer des voyelles, dans la prononciation, que « lorsqu'on ne pouvait absolument s'en passer : « par exemple qu'on fît dire *braschit* au lieu de « *baraschit*, *ogde* au lieu de *ocade*, etc., etc. L'oreille « seule me donnait cette répugnance.

« Ce matin, je me suis confirmé dans cette idée, « en réfléchissant sur la prononciation massorétique.

« Ils semblent au contraire (les Massorètes), « affecter de donner une émission de voix par « consonne. Ils ne disent pas *Davd*, mais *David*; « *Isaq*, mais *Isaac* ; *Abram*, mais *Abraham* ; « *Bruch*, mais *Baruch*.

« La manière de prononcer des Allemands et « autres peuples du Nord ne doit point prévaloir « contre celle que nous ont transmise les Massorè- « tes. »

Ce n'était point d'une façon mécanique et sèche qu'il ambitionnait d'apprendre et de savoir l'hébreu; mais, comme dans toute autre science, il aimait dans cette étude à se rendre compte du génie de la langue, et, par comparaison, à former son jugement sur les idiomes divers.

Il dit dans une autre note :

« Les Hébreux appellent le pain *firmamentum*.
« Ils disent : *Et panis cor hominis confirmet.*
« Nous disons dans ce pays-ci, quand le pain
« vient à manquer : *la taoulo toumbo.* Ces deux
« expressions sont tout à fait naturelles. On les
« comprend malgré la différence des lieux, des
« temps et des peuples. »

Il avait l'intelligence de l'étude et reliait entre elles les connaissances humaines les plus diverses pour s'en faire un trésor dans lequel il devait puiser plus tard pour le bien des âmes.

Il est regrettable que l'abbé Vaissière n'ait pas été en contact avec les personnages marquants dans les diverses sciences qui l'intéressaient. Il eût été pour eux un disciple fervent et serait devenu un sujet remarquable par ses aptitudes peu communes.

Nous avons parlé des langues et des arts. Mais les sciences proprement dites, la physique, l'astronomie même, furent au nombre de ses chères études. Que de belles soirées il passait à admirer cet ensemble stellaire que la main de Dieu soutient, et à discourir sur les astres; quel intérêt il savait donner à ses causeries !

Il peut paraître indigne d'un sévère théologien de s'intéresser au sort d'une étoile; mais comme tout lui parlait de Dieu, par tous les chemins il était amené vers le Créateur et il le louait par des élans toujours nouveaux.

La Comète de 1874 et le passage de Vénus l'occupaient même pendant une des crises de sa longue maladie.

Comme il nous toucha, quand, au moment où il se crut le plus près de la céleste Vision, la veille du 8 décembre 1874, ayant déjà entrevu sa glorieuse patrie, il nous dit, avec son doux enjouement, accompagné d'un regard de dédain pour nos vains spectacles de la terre :

« Et moi, qui regrettais de ne pas voir le pas-
« sage de Vénus..... Je vais le voir d'une bien
« meilleure place. »

CHAPITRE III.

Suite du précédent. — La Prêtrise.

Nous arrivons avec lui au commencement de l'année 1847.

Il devait être ordonné prêtre à la fin de cette année-là. Son journal et ses lettres vont nous le faire suivre, à peu près pas à pas, jusqu'à ce moment. Nous n'avons qu'à transcrire ; d'ailleurs, aucun événement étranger à sa vie du séminaire ne vint interrompre le cours de ses graves études et de sa préparation.

Au mois de janvier il écrivit à Saint-Antonin.

« Je saisis, pour t'écrire, le premier moment de
« relâche que j'ai eu depuis un mois. L'expérience
« me fait connaître à présent que l'on ne se met
« pas au service d'un maître pour se reposer. Ces
« jours-ci pourtant, par extraordinaire et pour
« fêter l'arrivée d'un nouveau Directeur (1) au
« milieu de nous, nous avons un peu fait trêve
« avec nos livres. Cela durera, j'espère, le long
« espace de deux ou trois jours ; ce qu'il faut pour

---

(1) C'était l'abbé de Cazalès.

« pouvoir prononcer le discours d'installation et
« se concilier *notre bienveillance* par les premiers
« compliments. Je crois, au reste, que notre bien-
« veillance lui sera bientôt acquise. Il est doux,
« affable, fort instruit, et lié avec les principaux
« personnages de Paris et de Rome. Ce présent
« que nous fait la Providence nous doit être d'autant
« plus précieux, qu'il ne nous a privé d'aucun de
« nos anciens professeurs. Nous aurons un Père,
« et, je l'espère, un ami de plus.

« J'ai à te remercier de tout l'intérêt que tu
« as pris pour moi lors de mon ordination au
« diaconat. Je ne devais pas m'attendre à moins
« de ta part. Tu dois croire que, de mon côté, je
« ne néglige rien pour te servir de toutes les maniè-
« res qui sont en mon pouvoir.

« Lorsque tu voudras, à certaines fêtes, faire un
« effort extraordinaire pour obtenir des grâces
« spéciales de Dieu, fais-le moi savoir, afin que je
« puisse m'unir avec toi d'intention.

« Puisque je suis sur cette matière, je te recom-
« manderai la persévérance. Souviens-toi de sainte
« Monique, combien de temps elle resta sans être
« exaucée, et enfin quel beau résultat fut le prix de
« sa confiance !

« J'ai maintenant droit, en vertu de la grâce
« du diaconat, à ce que mes paroles aient une
« certaine autorité.

« Dieu veuille qu'elles t'encouragent. Si *vouloir* et
« *pouvoir* sont une même chose, cet axiome a sa

« pleine vérification dans la foi. Je suis persuadé
« que tu finiras par avoir ce que tu veux, parce que
« je crois que tu as la confiance.

« Tu m'as dit une foule de choses qui m'ont fait
« plaisir dans ta lettre..... Les progrès d'Emile et
« son humeur studieuse m'ont surtout beaucoup
« intéressé. »

De tout temps l'abbé Félix, et surtout lorsqu'il fut prêtre, aima les petits enfants et leur prodigua, c'est le mot, les plus tendres attentions. Il est permis de croire qu'il honorait en eux l'innocence.

Il continue dans la même lettre au sujet de son petit cousin.

« Je loue par dessus tout votre zèle à lui faire
« mieux prononcer ses prières. Au fond, ce point
« qu'on regarderait quelquefois comme une minutie,
« est d'une très-grande portée. Il ne faut que
« réfléchir un instant sur son objet. Je te sais fort
« bon gré de m'avoir parlé de cela.

« Mais je m'oublie, en te donnant toutes les
« louanges; Alexandrine apparemment en réclame
« une part. Ah! si toutes les mères de famille lui
« ressemblaient, les enfants de six ans sauraient
« mieux prier Dieu que ceux de quinze. »

Continuation du journal.

10 janvier 1847.

« Je lis un petit ouvrage sur l'*Enfance chrétienne*,
« par J. Blanco, professeur à Saint-Sulpice. C'est
« un livre admirable.

« M. Jean Blanco naquit à Bayeux en 1817.
« A 13 ans il avait fini avec distinction sa rhéto-
« rique. Ses supérieurs ont toujours cru qu'il avait
« conservé la grâce baptismale. Il fit sa philosophie
« à Caen, la doubla à Paris, où il se distingua à
« la Sorbonne. Il étudia la théologie et l'Ecriture
« sainte, et pour cela il apprit le grec et l'hébreu
« et y devint si habile, qu'on les lui fit professer
« publiquement. A 22 ans il devint professeur de
« philosophie au collége de G.... Il y mena une vie
« sainte.

« La réputation de M. Ollier l'attira au séminaire
« de Saint-Sulpice, où on lui fit professer la théo-
« logie. Il y avança singulièrement dans la piété
« sous un si grand maître. Il mourut au monde
« et au péché pour vivre en Jésus-Christ. On raconte
« que, dictant ses traités, il avait sous les yeux,
« par humilité, un livre dans lequel il avait l'air de
« lire, tandis que seulement il se tenait uni à Notre-
« Seigneur pour en recevoir ce que lui-même donnait
« aux autres.

« Mais sa vertu particulière fut la vertu de sim-
« plicité et d'*enfance*, que M. Ollier inculquait si fort.

« Il vivait si simplement, qu'il cachait les trésors
« qu'il avait reçus de la nature et de la grâce (1).

« Il arriva jusqu'à près de 40 ans sans vouloir,
« par humilité, recevoir le sous-diaconat. Il y fut

(1) La ressemblance ne nous échappe pas avec celui qui écrivait ce portrait.

« obligé par obéissance ; on le préparait pour le
« diaconat quand il tomba malade.

« Un jour qu'il visitait M. Ollier, malade lui-
« même, celui-ci demanda aux assistants quel était
« celui qui voulait faire avec lui le voyage de l'éter-
« nité. — Ce sera moi, dit M. Blanco. — Préparez-
« vous y donc, répondit M. Ollier.

« C'était le samedi-saint. Le lundi M. Ollier
« mourut et M. Blanco le suivit en effet le mercredi
« de Pâques.

« Il était si vénéré, qu'on conserve ses habits,
« ses cheveux, etc., etc., comme des reliques.

« On conserve quelques ouvrages de l'abbé
« Blanco dans la bibliothèque du chapitre de
« Bayeux. »

Nous nous rappelons ici l'impression profonde
que faisaient à notre abbé de telles vies, et
l'expression de sa physionomie quand il parlait des
Saints.

Plus tard il ne nommait saint François-Xavier,
saint Jérôme, saint Augustin, qu'avec un grand
respect. Il racontait les traits de leur vie qui le
frappaient le plus, même au milieu des cercles les
plus occupés d'autre chose, et se faisait cependant
toujours écouter.

Oh ! comme nous nous souvenons d'un de ses
récits, ardent, enflammé, sur la prédication de saint
Jean le Précurseur ! C'était pendant le dernier été où
il visita encore ses amis. Quelqu'un vint à parler d'un
tableau de saint Jean au désert, et l'abbé Vaissière,

se pénétrant de ce sublime apostolat, se mit à parler de la pénitence, du baptême de Jésus, montrant aussi la noirceur de l'âme d'Hérodiade, qui demanda la mort du saint, etc.......

Nous avions devant nous, pendant ce récit, un véritable témoin du Christ.

Reprenons son journal.

17 janvier 1847.

« Aujourd'hui, après une faute commise en ré-
« création et dont j'étais extrêmement humilié, je
« me suis fait un raisonnement, ou plutôt c'est
« Notre-Seigneur, à qui j'avais eu recours pour
« me consoler, qui m'a répondu : Pourquoi t'at-
« tristes-tu, *nam virtus in infirmitate perfici-*
« *tur* ? J'ai donc entendu sa douce voix qui me
« disait : Je te corrigerai peu à peu. Je ne montre
« pas le peu que tu vaux, car tu mourrais de honte
« à la vue substantielle de toi-même. Crois-tu que
« si tu n'avais pas fait cette faute tu vaudrais
« davantage ? C'est une écume de ton mauvais fond.
« Elle te montre que tu ne vaux *foncièrement* pas
« grand'chose... Mais que tu aies ou non aperçu
« l'écume, cette vue te doit laisser indifférent. Une
« seule chose te suffit, c'est que je me plaise encore
« à venir en ton âme. »

3 février 1847.

« M. le Supérieur prétend que dans les sermons
« il faut faire de l'exposition au lieu de faire de la
« morale *littéraire*. Le P. Ventura dit la même

« chose, et ils le prouvent par l'explication des
« Saints-Pères.

« Je m'aperçois que Bossuet doit à cela princi-
« palement l'intérêt qu'excitent ses sermons.

« Je vois que les hymmes du magnifique office
« du Saint-Sacrement et la prose *Lauda Sion*, ne
« sont qu'une exposition du dogme; que l'*Imitation*
« de Jésus-Christ, surtout le quatrième livre, n'est
« qu'une exposition ; il en est de même des médi-
« tations de saint Augustin, de saint Bernard, de
« saint Anselme... Et comme cela va au cœur !.....

« Quand je prie en faisant de *l'exposition* à mon
« esprit, cela me touche mieux.

« La méthode d'application des sens de saint
« Ignace n'est pas autre chose. Les faits parlent
« plus que les abstractions. Les longues considé-
« rations viennent de l'homme, les faits sont de
« Dieu. »

13 mars 1847.

« O mon âme, quand est-ce que tu chercheras
« Dieu purement et que tu ne t'égareras plus en
« chemin ? Ne vois-tu pas que, depuis quelques
« jours, tu t'attaches trop au désir naturel de la
« science ?

« Réfléchis un peu sur cette douce lumière que
« Notre-Seigneur vient de jeter en toi, aux pieds
« de son tabernacle. Le pieux auteur de l'*Imitation*
« dut être éclairé d'une lumière semblable, lorsqu'il

« écrivait ces mots : *Opto magis sentire compunc-*
« *tionem, quam scire ejus definitionem.*

« La science nous est donnée pour nous, ou pour
« les autres.

« Nous nous trompons grandement quand nous
« nous imaginons plaire à Dieu en travaillant avec
« une ardeur véhémente, si nous négligeons de met-
« tre à profit la moindre des vérités que nous con-
« naissons.

« Donc, ô mon âme, quand tu fais une chose
« bonne, sans avoir de grandes connaissances sur
« cette chose, tu n'a rien à désirer.

« Pourquoi Dieu communique-t-il la science aux
« savants docteurs, et pourquoi savent-ils disserter
« sur l'amabilité de Dieu? Sans doute pour convier
« les cœurs froids à l'amour. Si tu as l'amour, la
« science t'est inutile.

« Ne te souviens-tu pas de ce que disait saint
« Bonaventure? — Une pauvre femme peut aimer
« Dieu plus qu'un savant docteur. — *Melior est*
« *profecto humilis rusticus qui Deo servit, quam*
« *superbus philosophus qui, se neglecto, cursum*
« *cœli considerat.*

« Pourquoi tant estimer les savants et si peu
« les ignorants vertueux? Les savants sont faits pour
« ceux qui, entendant développer la doctrine, y
« conformeront leur conduite. » -

20 mars 1847.

« Jamais je ne verse mon âme en Dieu comme
« quand je ne fais autre chose que lui dire des

« noms d'amour : Mon Dieu, mon Roi, mon Maître,
« mon Seigneur, mon Amour, mon Désir ! Celui
« en qui seul je me complais ! Celui qui seul m'ai-
« mez ! Qui êtes mort pour moi !

« Je ne me fatigue pas de lui parler ainsi pen-
« dant des quarts d'heure entiers. Il me semble
« qu'à mesure que je lui parle ainsi, je m'en-
« fonce davantage dans son amour, et que je
« sors du limon de la terre.

« J'aime beaucoup aussi à dire de pareilles
« choses à Marie. Lui dire : Vous êtes ma mère,
« je n'ai que vous depuis que vous avez pris
« au ciel *Maman Virginie*, que je recommande
« à vous, mon amour, ma maîtresse, ma force,
« ma protection !...

« Ces courtes aspirations laissent un si long
« souvenir dans mon esprit, que je me rappelle
« encore, avec des battements de cœur, quelques
« exclamations intérieures que j'ai poussées par les
« rues, me donnant toute espèce de tendres liber-
« tés avec la Sainte-Vierge et mon Seigneur
« Jésus.

« Oh ! ce sont mes amours !

« Je leur ai donné ma vie. Quand est-ce que
« vous me prendrez à votre service, ô ma mère,
« ô doux Seigneur Jésus ! »

25 mars. — Annonciation.

« De temps en temps Dieu m'éclaire doucement
« l'intelligence, et me fait comprendre les vérités

« de l'Évangile. Oh! combien je puis dire alors:
« *Præceptum domini lucidum, illuminans oculos!*
« Lorsque Dieu donne la lumière, comme je
« l'ai lu dans de pieux auteurs, saint François
« de Sales, Ollier, etc., etc., il fait goûter la
« vérité de telle sorte qu'on ne peut pas l'expri-
« mer par des paroles. Et cela, il le fait au
« moment où l'on y pense le moins, dans une
« récréation, dans une oraison toute sèche...

« Ah! mon Dieu, depuis quelque temps je
« me repens de ne pas croire avec assez de fer-
« meté les maximes de l'Evangile. O mon doux
« Jésus! vous qui avez dit: *Væ divitibus*, quand
« l'Eglise, votre épouse, nous enseigne l'humilité,
« l'abjection, la confiance en Marie, cela devrait
« être pour nous aussi clair que l'axiome deux
« et deux font quatre.

« Voici où je veux en venir:

« Aujourd'hui j'avais à faire aux enfants de
« l'hôpital, une allocution sur la Très-Sainte-
« Vierge. Je l'avais faite à la hâte et l'avais
« finie hier matin. Je ne la savais pas encore, et
« j'étais dans la défiance, quoique je me stimu-
« lasse pour m'exciter à la confiance en Marie.

« J'ai été voir M. le supérieur, je lui ai dit
« que je devais parler et que j'avais de grandes
« craintes. Il a été étonné de mon peu de con-
« fiance dans le secours de la mère de Dieu.

« Il m'a dit que lui-même avait autrefois demandé
« à la Sainte-Vierge de consacrer à son service

« les prémices de sa parole. (Tous les saints
« hommes ont fait cela.) Il arrive à Paris. Le
« curé de Notre-Dame-des-Victoires le prie de
« prêcher le lendemain. Il reconnaît qu'il est
« exaucé. Il n'a pas le temps de se préparer,
« mais n'importe, il accepte, fait une courte prière
« à Marie et monte en chaire, aussi tranquille que
« s'il savait son sermon par cœur.

« Je m'en vais avec ces paroles dans le cœur.
« Je fais une courte prière à la Sainte-Vierge, et
« aussi au *bienheureux Buffalo* (1), et je commence
« mon allocution aux enfants. Mais, ô Dieu ! il
« me semble que je fais tout de travers... Et
« voilà qu'au sortir de là, on me dit que ce n'est
« pas si mal fait.

« O Dieu ! je reconnais là votre bonté pater-
« nelle. C'est à la lettre que vous ne m'avez rien
« refusé de ce que je vous ai demandé, non plus
« que vous, ô Marie !

« Je vous ai un peu priés pour tous mes ser-
« mons, et vous me les avez fait assez bien
« faire, quoiqu'il me semblât que je les faisais
« horriblement.

« Voilà qui est réglé, je ne me fierai plus qu'en
« la Sainte-Vierge, aux saints et en mon ange-
« gardien. Voilà les amis avec qui je veux vivre

---

1 L'abbé Vaissière fut au moment de s'associer à l'abbé de Cazalès pour établir *l'œuvre du B. Buffalo*. Ce projet s'évanouit, et la congrégation n'exista que peu de temps à Rome.

« et converser aussi librement qu'avec mes con-
« disciples. »

26 mars.

« Mon Dieu, mon Dieu ! je viens de lire les
« chapitres 51 et 52 d'Isaïe ; comme la lecture
« de l'Ecriture-Sainte m'enflamme !

« Je comprends pourquoi les Pères de l'Eglise
« faisaient leur nourriture de la lecture des
« Ecritures.

« Quels avantages infinis nous recueillons en
« vivant dans le giron de l'Eglise! Oh! vraiment
« les Saints ont raison ! Faites, ô mon Dieu, que
« jamais je n'abandonne la lecture des saintes
« Ecritures. »

30 mars.

« Oh! mon amour, Jésus! pourquoi n'ai-je pas
« plus de foi ! Je n'ose presque pas dire simplement :
« le Saint-Esprit est en moi, comme dans son tem-
« ple (je ne sais pas exprimer ce que je voudrais
« dire..... mais je me comprendrai en relisant ceci,
« j'espère.....) »

7 avril.

« Je viens de faire une grosse sottise. Mon âme,
« tu es fort humiliée; mais, dis-moi, n'est-ce pas de
« la fausse humilité, ou plutôt n'est-ce pas de l'or-
« gueil? Ne t'étonne pas. Si Dieu ne te soutenait,
« à chaque instant tu ferais des horreurs.

« Dieu t'aime toujours, et beaucoup. Ce sont même
« des marques d'amour que toutes ces permissions
« de chutes qu'il te donne, car il t'établit en l'humi-
« lité.....

« Je me figure même que je vaux mieux après
« ma sottise. C'était du pus que j'avais au dedans de
« moi. Je paraissais beau à l'extérieur, et à l'inté-
« rieur j'étais comme un sépulcre blanchi ! O mon
« Dieu, je vous remercie, aidez-moi, secourez-moi,
« aidez-moi en tout !

« Que je suis aise de voir clairement que je ne
« vaux rien. Tant que je ne fais pas de chute, je
« m'admire, je m'estime plus que mes amis; mais
« à présent, je vois bien que, sous aucun rapport,
« je ne les vaux. O mon Dieu, que ce calice est
« pénible à boire ! Epargnez-moi, si cela se peut;
« néanmoins, *fiat voluntas tua.*

« Ah ! que je me sens porté à l'abandon mainte-
« nant. Bénis soient mes péchés, puisqu'ils m'hu-
« milient et me rapprochent de mon Dieu par la
« confiance ! »

19 avril.

Fulgebunt justi sicut sol, etc., etc.

« O mon Dieu, si je veux être un jour recompensé
« dans le ciel, si je veux vous voir comme vous
« le dites : *Beati mundi corde, quoniam ipsi Deum*
« *videbunt,* je sens qu'il me faut avoir des intentions
« plus pures. Je n'ai pas le cœur pur. Il est impos-

« sible que, si je ne change pas, je brille un jour
« comme le soleil, je le sens (1).

« Ah! que ce serait beau, si je ne m'attachais
« à rien de périssable; mais dans l'état où je suis,
« je suis tout ténèbres!... O Jésus, mon amour,
« *amator meus*, couvrez-moi de votre sang amou-
« reux... cachez-moi ainsi aux yeux de votre père! »

26 juin.

« Mon âme, il t'est dur d'être humiliée. Pauvrette,
« que je te plains! Mais, dis-moi, c'est le bon Dieu
« qui veut te faire plaisir. Ah! tu te récries? Vrai,
« c'est pour te faire plaisir. Ne lui as-tu pas demandé
« de coller ton cœur à celui de Jésus-Christ? Et
« cela ne se peut sans une grande pureté que tu
« acquerras par des humiliations. Pauvrette! Si tu
« n'avais jamais péché, tu rendrais facilement gloire
« à Dieu, tu verrais ta valeur et la valeur des autres.
« Le péché t'a rendue orgueilleuse, jalouse.

« Oh! mon doux Jésus, arrachez de mon cœur
« cette jalousie que je n'y veux pas! *Amputa*
« *opprobrium meum.* »

27 juin.

«..... Ainsi, à la suite de mon humiliation d'hier,
« je prends la résolution de ne jamais éviter la
« compagnie de ceux qui m'humilient, soit parce

---

(1) Comme il se juge! Et cependant on a dit de lui que sa seule vue inspirait des pensées du ciel, tant était resplendissante sa vertu.

« que je vois que mon infériorité ressort davantage,
« soit parce que je vois qu'ils ne font pas grand
« cas de moi. »

9 juillet.

« O mon doux Jésus ! que je suis honteux de faire
« si peu de cas de votre amitié et de celle de votre
« Père et de vos saints ! Je trouverais fort agréable
« d'être connu de l'Evêque, d'en être aimé, d'en
« recevoir des récompenses. Je serais bien aise que
« cela fût connu. Hélas! n'ai-je pas mieux que
« tout cela, et ne suis-je pas assez insensé, car
« j'ai votre amour, ô mon Jésus ! j'ai une immense
« nuée de témoins qui m'aiment, m'attendent, me
« protégent, et auprès de cela je prendrai garde aux
« sentiments des hommes !..... Oh! non, je vous le
« promets. Quand je sentirai mon cœur se porter
« vers les honneurs humains, au lieu de les désirer
« et de faire des démarches pour les obtenir, je
« produirai des actes de détachement qui m'obtien-
« dront de votre part plus d'honneurs que les rois
« de la terre n'en peuvent donner. »

Dès cette année là, et avant sa prêtrise, il se forma
à Saint-Antonin une *petite académie* de jeunes ecclésiastiques, qui, ne voulant pas se négliger en temps
de vacances, unissaient leurs études et leurs travaux scientifiques. Chacun à son tour présidait
l'académie, et l'un des articles du programme
règlementaire fut de présenter une pièce de vers,

comme *pénitence,* quand on avait enfreint la règle.

Nous avons presque tous les comptes-rendus de ces intéressantes réunions. Nous avons aussi retrouvé les pièces de vers que le jeune abbé apportait comme pénitence. Toutes sont des aspirations vers Dieu et sa sainte Mère.

Nous en détachons seulement deux strophes dédiées à la Vierge :

Tout dans le monde est harmonie.
La nuit sereine au ciel parsemé de saphirs,
Le murmure de l'eau qui court dans la prairie,
Et le souffle pur des zéphirs.

Silence, voix de l'Univers,
Vous ne me charmez plus ; mon âme, ailleurs ravie :
Ecoute un nom plus doux que vos plus doux concerts :
L'harmonieux nom de Marie !

Nous trouvons au complet le mémoire de sa retraite pour la prêtrise. Il nous semble bon de le donner dans son entier.

Retraite pour me préparer à recevoir la prêtrise.

---

13 septembre 1847.

« Il faut que je prenne de fortes résolutions.
« Je m'aperçois que celles qu'on prend en retraite
« restent longtemps dans notre souvenir et rap-
« portent beaucoup de fruit.

« J'apporte à cette retraite de bien mauvaises
« dispositions. J'arrive plein de péchés, de négligen-
« ces, plein des distractions des vacances.

« Les saints François-Xavier, Vincent de Paul,
« M. Ollier, etc., prenaient quarante jours de
« préparation prochaine sur le modèle des apôtres.
« Et moi, au lieu d'aspirations et de prières, je
« ne puis compter que distractions, conversations
« inutiles ; au lieu de mortifications, des sensualités.
« Et pourtant les apôtres et les saints avaient moins
« besoin de quarante jours de préparation que
« moi dont la vie est si lâche et si tiède.

. . . .
Mais point de regrets superflus ;
Il me reste encore Marie,
Il me reste encore Jésus !

« Faites de moi Seigneur ce que vous voudrez ;
« employez-moi, envoyez-moi où vous voudrez.

« Guérissez-moi, éclairez-moi. Faites-moi con-
« naître ma vocation. Donnez-moi le zèle et le
« courage nécessaires pour vous servir comme mon
« seul Seigneur et roi. Je ne veux pas en avoir
« d'autres, ni d'autre amour que vous ! Vous
« m'avez tiré de bien bas ; vous m'avez toujours
« soutenu comme malgré moi. Je désire reconnaître
« enfin vos bontés, et faire de toute ma vie un acte
» de reconnaissance, en suivant fidèlement la voie
« que vous m'avez tracée. »

14 septembre.

« Oui, mon Dieu et mon doux Seigneur, je

« comprends qu'un prêtre doit se transformer en
« un autre vous-même.

« Ce sera pour moi une douce nécessité de
« falloir vous ressembler.

« Chaque jour donc je combattrai pour corriger
« mes défauts et acquérir des vertus.

« Que je suis faible pourtant ! Que sont devenues
« mes belles résolutions ! »

15 septembre.

« Rappelle-toi, mon âme, que les vérités de
« l'Evangile, comme tout ce qui est essentiellement
« vrai et nécessaire, apparaissent d'autant plus
« claires qu'on les approfondit davantage. Au con-
« traire, d'autres propositions lumineuses qui sédui-
« sent au premier coup d'œil, tombent par l'examen
« sérieux et impartial qu'on en fait.

« Ainsi il est absolument nécessaire que nous
« tendions à ressembler à Jésus-Christ, que nous
« sachions que les honneurs, l'argent, les hautes
« dignités sont à craindre et non à désirer ; que
« nous devons aimer les humiliations..........

« Il faut méditer cela pour le goûter d'autant
« mieux.

« Les gens du monde, les prêtres même qui
« n'ont pas assez de méditation, se moquent de ces
« vérités, et trouvent que, malgré l'Evangile, on
« peut accorder quelque chose à l'esprit du monde
« (à Satan) ; ils disent que l'argent, les honneurs,
« les plaisirs, certes, ne sont pas tout à fait à
« dédaigner. »

CHAPITRE III.

16 septembre.

« Ah ! Seigneur Jésus, donnez-moi votre amour,
« donnez-moi le don de la prière, de l'humilité,
« du détachement, de la charité, du zèle, et c'est
« assez ! Je ne veux que vous, Seigneur Jésus ;
« votre amour et celui de Marie me suffisent.

« Que je ne connaisse que vous et vos paroles !
« que je ne goûte d'autres conseils, d'autres avis que
« les vôtres !

« Et pour cela, comme je l'écrivais ces jours
« derniers, aimons la retraite et l'étude : *Quoties*
« *inter homines fui, minor homo redii.* Si ce sont
« des mondains, on devient mondain ; si ce sont
« des hommes grossiers, on devient grossier..... »

17 septembre.

« O mon Dieu, je vous aime de tout mon cœur.
« J'accours dans votre sein. Je me jette entre vos
« bras, avec la plus grande confiance et le plus
« grand abandon. Je ne connais ni ne veux connaî-
« tre d'autre asile que vous ; et pourtant, je tremble,
« je suis plein de frayeur. Ah ! mon Jésus, ce sen-
« timent ne vous déplaît pas : *Exultat ei cum*
« *tremore.*

« A présent que je serai votre ami, un autre
« vous-même, il faudra bien que je m'applique
« sérieusement à devenir un saint !

« De quelle fange m'avez-vous tiré, ô mon bon
« maître !..... Et pour où me placer !..... »

Quelques aspirations écrites sur le revers de son cahier à la même date.

« O mon Dieu, préservez-moi de tout péché.
« Nulle créature n'aura mon cœur. Vive Jésus!
« vive Marie! vive mon patron Félix!
« Mon cœur s'en va... Qu'il aille à vous, rien
« qu'à vous, mon amour, ma force, mon secours!
« *Amator meus, totus meus es, meus, meus,*
« *meus!* »

Et avec une simplicité et un calme profonds, il annonce le lendemain la grâce ineffable de son ordination.

C'est là un don que Dieu fait aux grandes âmes : il leur apporte la paix dans les événements les plus solennels.

18 septembre.

« J'ai été ordonné avec grande joie et grande
« tranquillité. Je me suis tout à fait abandonné à
« Notre-Seigneur. Ne comprenant pas l'immensité
« de la grâce et de la dignité qu'il me conférait par
« les mains de l'Evêque, je l'ai laissé faire tran-
« quillement, ne pensant qu'à lui et à son amour. »

Dominus meus et Deus meus,
Rex meus et Deus meus,
Deus meus et omnia.

CHAPITRE IV.

Vicariat de la Cathédrale.

Il fut appelé à son premier poste. Monseigneur le nomma vicaire de la cathédrale de Montauban. Le choix était bon et fut vite apprécié.

Voici comment il rend compte de ses impressions. C'est encore une lettre. Nous en avons bien peu après celle-ci.

Montauban, 14 novembre 1847.

« Me voilà donc maintenant à la besogne, et chargé
« de prendre part à la direction du troupeau. Quelle
« charge! Pour quelqu'un surtout qui n'a pu se
« tenir toujours au milieu du chemin! Comme il
« doit se heurter, à droite et à gauche, contre toute
« espèce de difficultés, ce jeune inexpérimenté, n'est-
« ce pas?

« Mais point du tout, la Providence gouverne, et
« je place tout sous sa responsabilité. Et puis, je
« compte tant sur les prières de mes amis.

« Le premier étonnement passé, nous nous som-
« mes trouvés dans un petit paradis. Un curé et
« des confrères comme on en trouve rarement,

« peut-être pas ailleurs. Une maison très-agréable,
« très-tranquille (1); trop tranquille et trop retirée
« pour certaines personnes; mais je m'en accommode
« mieux que si elle était plus gaie et plus bruyante.

« Nos fonctions nous laissent assez de temps
« pour prier Dieu à notre aise et pour vous aller
« voir quelquefois. »

Nous laissons ici à d'autres le soin d'apprécier ce que fut le vicaire de la cathédrale. Hélas ! il ne le fut pas longtemps, pas assez longtemps selon les désirs de tous ceux qui l'y ont connu.

Un de ses anciens collègues disait de lui :

« Il nous édifia dès son arrivée parmi nous par sa
« piété, la simplicité de son cœur et sa bonne grâce
« naturelle; ses prévenances et son abandon à l'égard
« de ses confrères plus avancés en âge, établirent
« entre nous une amitié qui lui demeure fidèle après
« sa mort.

« On remarqua, dès ses débuts, la distinction
« classique de ses discours et la maturité de son
« caractère. »

Dans cette vie de zèle sacerdotal qu'il trouve encore trop douce, il continue son journal. Ses écrits deviennent même plus intimes et par cela plus intéressants. Il les nomme lui-même, sur leur suscription, *speculum animæ meæ*. N'est-il pas indiscret d'ouvrir ces pages et surtout de les transcrire ici ?

(1) Les vicaires habitaient la maison de la maîtrise, près de la cathédrale.

Mais nous voudrions tant le faire connaître tel qu'il était, ressaisir ces beautés de son intelligence et de son âme si difficiles à peindre, et desquelles on peut dire ce que nous venons de trouver dans un savant et tout récent ouvrage :

« Donnez-moi l'œuvre d'un artiste, un poème,
« une symphonie, une statue... Dès que j'ai vu ou
« entendu cette œuvre, l'artiste ne m'est plus incon-
« nu ; mais tant que je n'ai pas vu son visage, reçu
« son regard, entendu sa voix, tant que j'ai ignoré
« surtout sa vie intérieure, ses pensées, ses amours,
« ses joies, *ce qu'il se dit quand il est seul*, ce
« qui le repose, ce qui le dilate, son âme enfin,
« et la vie de son âme, je ne connais pas réellement
« cet homme (1). »

Voilà pourquoi nous avons puisé dans les écrits les plus intimes de l'abbé Vaissière, remerciant Dieu qui nous a donné de les lire, sans l'avoir mérité.

SPECULUM ANIMÆ MEÆ (2)
Extraits du journal de l'abbé Vaissière pendant les années 1849-50-51.

Sabb. sancto. — 1849.

« O mon Dieu, comme on tombe bas quand on a commencé à tomber ! Eh quoi ! je ne peux main-

---

(1) *De la Vie et des Vertus chrétiennes, considérées dans l'état religieux*, par l'abbé Ch. Gay, vicaire-général de Poitiers.

(2) Les cahiers de l'abbé Vaissière, pendant le vicariat de la cathédrale, portent cette suscription.

tenant vous faire le plus léger sacrifice ! Et où en suis-je de mon intérieur ? Si je mourrais, où irais-je ? Je n'ai aucun sentiment d'amour pour vous ; je ne soupire nullement pour le ciel : est-ce que je n'irai pas ? Je suis au contraire très-tendre pour le monde, pour moi ; je n'aime pas mon prochain, j'ai presque de la haine pour lui ; je n'ai aucune douceur ; je parle mal des gens au lieu de les excuser ; je recherche les premières places ; je m'excuse, au lieu de m'abaisser.

« O mon doux Jésus ! votre passion me rappelle mes devoirs..... Si on m'a pris telle chose, je la donne et je suis prêt à donner aussi mon sang, s'il le faut... Je donne mes livres, mes meubles, mon temps, mes joies, mon honneur, ma réputation. Comme je veux m'élever dans le ciel, je choisis ici les dernières places ; je veux être le domestique de tous, je veux m'abaisser ; je hais mes aises, le monde ; j'aime mes amis et mes ennemis et vous par-dessus tout !

« Je vous dis ceci et je n'aurai pas la force de le faire ; mais, bon Jésus ! regardez-moi. Je vous parle à contre-cœur, je le sais bien, mais prenez-moi au mot, je le désire, donnez-moi des humiliations, des peines ; seulement, soutenez-moi pour que je les puisse porter.

« — J'ai entendu prêcher la passion par ***. Il n'a fait que l'application morale des différentes circonstances de la passion. Son style peu châtié, fourmillant de négligences palpables, son air modeste et convaincu me disaient : Je prêche mon Maître et non pas moi !

« — Il faut toujours en revenir là : humilions-nous si nous voulons *vraiment* nous élever au-dessus des autres. Oui, mon âme, ne te fatigue pas de choisir les dernières places, de tout souffrir avec joie sans te plaindre : c'est là la vraie gloire, le vrai gain, la vraie satisfaction de ton légitime orgueil. Le Maître l'a dit ; qu'as-tu à contredire, à objecter, à répondre ?... Sotte que tu es, écoute :

« Suppose que dans dix ans d'ici tes supérieurs, tes amis, les étrangers, toute la ville apprennent tes vertus ; par exemple que, ayant droit à être le premier, j'ai choisi les dernières places, que j'ai souffert sans me plaindre de grandes peines du corps et de l'âme, que j'ai dix fois plus de mérite que je n'en fais paraître, et qu'à la suite de cela on te donne argent, honneurs, dignités, et qu'on abaisse tout le monde devant toi..... Dis-moi, ne serais-tu pas bien récompensée ? (Je ne compte pas la peine que te ferait l'abaissement des autres) ; ne croirais-tu pas avoir peu acheté tant de choses par dix années ? Mais, sotte, l'éternité va venir peut-être dans moins de dix ans, et les saints, Dieu, la Sainte-Vierge, Jésus-Christ connaîtront tes vertus. Que dis-je, ils te voient maintenant, et tu peux te dire à chaque acte : le bon Dieu sourit, il est content de te voir lutter. Ah ça ! dis-moi, si lorsque tu te trouves avec des gens qui ne te traitent pas comme il faut, tes supérieurs, là présents, pouvaient te voir au fond du cœur et comprendre tes actes de vertu, voudrais-tu ne pas les faire ? Ne te sentirais-tu pas capable de tout, surtout s'ils devaient te récompenser immédiatement après ? Ne craindrais-tu pas de les mécontenter et de perdre cette récompense par ton peu d'humilité et de courage ? Mais Dieu, ma chère âme, nous voit toujours ; il n'oublie rien et note tout dans le livre de vie. Et le souvenir de ton créateur, de ton maître qui te voit, ne serait pas capable de te faire agir ? Si, Seigneur, vos maximes vont me servir de règle de conduite, à partir de demain, à partir de ce soir, dès à présent. *Amen! Domine Jesu, amen! sine te nihil possum facere.* Je vous demande la force de tenir parole, ne me la refusez pas.

« *Qui se humiliat exaltabitur.*

« *Qui se exaltat humiliabitur.*

« *Qui vult magister fieri inter vos, fiat omnium minister.*

« *Nisi granum frumenti cadens in terram mortuum fuerit, ipsum solum manet.....*

« Voilà une belle figure et digne de la bouche de Notre-Seigneur. Lui-même n'a porté du fruit qu'après avoir été tué..... Et moi aussi, il faut que je sois tué dans mon orgueil, dans mes penchants, dans tout mon cœur. Ne t'étonne donc pas, Félix, de tout ce qui t'arrive ; le bon Dieu ne fait que te donner ce que tu lui as demandé si souvent : le mal dans cette vie pour avoir le bien dans l'autre. »

Sabb. sancto.

« Je trouve du temps après dîner, dans la soirée, pour jouer du violon ; pourquoi n'en trouverais-je pas pour l'étude de l'Ecriture-Sainte, de la théologie, pour l'examen particulier, pour la lecture spirituelle et pour la composition des sermons?... »

Fer. II post Pasch.

« Je ne peux m'accoutumer à suivre les enseignements de Jésus-Christ. Je sens bien que je suis plus convaincu que dans les premiers temps où je me mis franchement au service de Dieu ; je comprends mieux toutes ces choses, mais je ne puis pas, aussi bien que je le voudrais, mettre en pratique ces vertus : la patience, l'humilité, la soumission, l'amour du mépris.

« Oh ! que je vous aime en spéculation ! Plus que jamais ; en pratique, moins que jamais. Qu'on a bien raison de dire que la science ne sert à rien, mais la bonne vie. J'aime mieux la dernière bonne femme, le plus petit enfant qui a une belle âme et les vertus chrétiennes, que tous les savants hommes qui recherchent les honneurs et qui les obtiennent.

« Que me sert d'être prêtre, de savoir la loi, *quam requirunt de labiis meis,* de dire la messe, de gouverner les fidèles, de leur pardonner leurs péchés, d'être estimé d'eux comme prêtre, si je ne suis pas plus vertueux qu'eux. »

Fer. III.

« Encore une journée de perdue. Je n'ai rien fait qui me puisse servir, même pour ce monde. J'ai parlé à tort et à travers, sans mesurer mes paroles. O paroles inutiles, dont nous rendrons compte !

« Je n'ai rien fait comme il faut, mais tout, lectures, récréations, par fantaisie ou autres motifs terrestres, vains, frivoles, coupables. Après tout, cela m'instruit-il ou me récrée-t-il davantage, que si je le faisais en le sanctifiant par le détachement, par des aspirations fréquentes ? Beaucoup moins je pense. Enfin, je ferai mieux demain. Tout ceci ne me sera pas inutile.

« *Bonum est quia humiliasti me !*

« Je connais mieux mon peu de valeur ; je suis bien forcé de faire cet aveu. Aveu difficile. O ma mère, ma mère !... »

Fer. IV.

« Aujourd'hui j'ai fait ma retraite du mois. Je l'ai bien mal faite ; à peine si j'ai mieux fait l'oraison et la visite au Saint-Sacrement. Ce n'est pas étonnant, il y avait si longtemps que je n'en avais pas fait.

« Que je suis différend de ce que j'étais ! Presque jamais je ne suis en la présence de Dieu...... Quand l'idée de Dieu me vient dans l'étude, je ne l'accepte pas comme autrefois, mais je me débats jusqu'à ce que je l'ai oubliée. Je ne l'ai non plus, ni dans les rues, ni dans les sociétés, ni dans mes repas, ni dans mes confessions, ni dans mes prédications, ni dans mes prières.

« Je fais bien plus mal l'oraison, ou pour mieux dire, je n'en fais pas du tout, ayant l'esprit et le cœur distrait tout le temps. Je fais mes prières vocales sans intelligence et sans goût. Je n'ai plus d'humilité, je suis froissé quand on m'humilie.....

« Voici le petit règlement que je prends la résolution d'observer pour l'avenir, sans préjudice des perfectionnements que j'y apporterai dans mes retraites annuelles :

« Lever à 5 heures.

« Coucher à 10 heures.

« L'oraison et les petites heures, ou plutôt l'oraison préparée dans le petit livre *de Contemptu mundi*.

« Avant midi, dans les heures que me laisse l'Église, étude de la théologie.

« Après-midi, histoire ecclésiastique, lecture spirituelle, office et chapelet. A l'église, vers 5 heures, visite au Saint-Sacrement, pour laquelle je prendrai saint Liguori, vu que mon relâchement m'a rendu presque incapable de la bien faire sans livre.

« Pour ma lecture spirituelle, tantôt Rodriguez, tantôt une vie de saint.

« Je ne jouerai jamais plus d'une heure de suite et par jour du violon, c'est-à-dire que si je joue une heure après-midi, je ne le ferai pas le soir.

« Vertus à pratiquer :

« Présence de Dieu et humilité.

« O ma bonne mère ! faites-les moi observer.

« Je vous supplie de me rendre au moins aussi pieux et aussi parfait que tant de personnes que je confesse et à qui je dois donner des conseils, des réprimandes et des exemples.

« — Aujourd'hui je me suis mal comporté avec le bon P..... Il est venu me porter le violon de l'abbé V***. Il m'a vanté ensuite un de ses violons de *Steiner*. Sa *réputation* et son violon me convenaient si peu, et il vantait son instrument avec tant d'insistance, que, fatigué, je me suis moqué de ce bon vieillard et je l'ai froissé. Il m'a fait la leçon ; je la méritais bien. Un prêtre, m'a-t-il dit, s'est aujourd'hui comporté comme un jeune homme ! Au moins que la leçon me serve. »

Fer. VI.

« Quand on a fait une faute on cherche à la faire retomber sur les autres, on se couvre et on rend les autres victimes. Vous prêchez mal ? Tout de suite vous cherchez à faire voir que........ Pourquoi ne pas prendre la faute sur soi ?

« Je fais le catéchisme à ***. Je l'ai mal fait aujourd'hui, comme cela m'arrive souvent ; et aujourd'hui, comme toujours dans ce cas, j'ai pris un petit air de dédain et de mauvaise humeur, qui veut dire, à ce que je me figure : Voyez, comme je suis vexé de vous faire le catéchisme ; je voudrais vous dégoûter de moi ; pour cela je ne me prépare pas, je cherche à vous déplaire, je vous sers mal, à dessein... Voilà tout le langage que je voudrais faire parler à ma physionomie, quoique dans le fond je ne désire pas mieux que de faire très-bien. C'est de l'orgueil raffiné ? Pauvre âme !... Ce n'est pas l'œuvre de Dieu que tu cherches, mais c'est moi que tu prêches. Quel prêtre, non pas de Dieu, mais de moi-même ! »

Sabb. in albis.

« J'ai envoyé aux Dames-Blanches de Bourret deux lithographies avec cadre doré : l'une la Vierge à la chaise, l'autre dite de Bridgewater, toutes deux de Raphaël.

« Je n'ai pas voulu que ces religieuses souffrissent de ma maladresse : il y a 15 jours je leur ai brisé un petit vase à mettre des fleurs. Seulement, je m'aperçois que ce n'est pas seulement par vertu que je fais cela; il y a un peu d'ostentation. J'aimerais à le raconter pour qu'on sût la délicatesse de mes sentiments. Je l'ai déjà dit plusieurs fois. »

Fer. II. — Post Dom. in albis.

« Je lisais dans la vie de sainte Catherine de Bologne, ces mots écrits par la sainte :

« J'ai fait ce que la conscience semblait me dic-
« ter. Du reste, je suis prête à mourir, s'il le faut,
« pour accomplir l'obéissance; et d'ailleurs, il vaut
« mieux que ce soit moi qui supporte les incom-
« modités de ma charge qu'une autre sœur, parce
« que je suis la plus vile, la plus abjecte, la plus

« indigne; trop heureuse encore de pouvoir, à ce
« prix, passer ma vie au milieu des très-chères
« épouses de mon divin Maître. Enfin, ne dois-je
« pas être contente d'avoir quelque chose à souf-
« frir pour son amour? Le bien que j'attends de
« lui est si grand et si estimable, que pour l'obte-
« nir je dois regarder toutes les afflictions et toutes
« les croix comme des plaisirs. »

« Voilà sans doute des paroles bien simples. Quoi
de plus naturel! Quoi de plus vrai! Est-ce que je
n'adopte pas ces principes? Eh quoi! ne sont-ce
pas les principes du Maître? Est-ce que je ne me
répète pas les mêmes paroles tous les jours? Pourquoi faut-il que je ne sois pas assez fort pour
m'y conformer! Félix, *violenti rapiunt illud.*

« *Mitis et humilis corde.....*

« *Unum est necessarium.....*

« *Non veni ministrari, sed ministrare....,*

« A propos de ces dernières paroles, je pensais
aujourd'hui à ces faux raisonnements que nous
nous faisons de l'honneur, de la dignité, du *deco-
rum* que nous, prêtres, nous prétendons garder et
que nous voulons qu'on garde avec nous. Nous nous
disons quelquefois: on devrait me respecter davantage. Je m'étonne souvent que dans une pension,
par exemple, le maître commande à l'aumônier,
qu'il lui dise: Venez à telle heure. (— Je ne peux
exprimer clairement ma pensée.) — Orgueil!

« Le bon Dieu se met-il, oui ou non, au service
des fidèles et des prêtres? Que fait-il dans la com-

munion? Et moi, son prêtre misérable et indigne, je ne m'abaisserais pas à servir qui que ce soit? O Dieu! enseignez-moi mes devoirs !

« Servons tout le monde ! rabaissons-nous ! voilà la vraie grandeur. *Omnium minister*. Si tu veux t'élever au-dessus de tout, si tu veux grandir, commander, être estimable et honoré, abaisse-toi, obéis, aime les mépris........

« Choisis sans relâche les dernières places au chœur, à l'autel, dans les sociétés, partout. Aime qu'on s'en aperçoive, qu'on te croie le dernier, qu'on te juge digne de l'être, qu'on mette les autres au-dessus de toi.

« Alors, devant Dieu, devant les Saints, devant les Anges, devant la Sainte-Vierge, *ante tantam impositam nubem testium*, tu seras grand... »

Fer. III.

« Rien de bon. Je reste de plus en plus convaincu que si j'avais tant soit peu de bonne volonté, je pourrais faire beaucoup de travail.

« Mon Dieu, remontez mon âme, comme un bon horloger remonte ses montres. Nous, prêtres, nous devons être les *montres* du peuple.

« — Il me faudra faire trois sermons sur la Sainte-Vierge pour le mois de Marie ; ils se feront suite l'un à l'autre. J'y joindrai celui que j'ai sur la Conception. Je pourrai les prêcher, un chaque dimanche, aux Dames Noires et à Villenouvelle :

« 1° **Immaculée Conception.**

« 2° Nativité.

« 3° Incarnation.

« 4° Assomption.

« Il faut aussi que je fasse, avant la Pentecôte, un sermon sur cette grande fête. J'en ai le temps. Je pense aujourd'hui qu'ayant jusqu'ici fait mes sermons dans le courant de la semaine, rien n'empêche que je n'en fasse autant à l'avenir. O Marie, je vous dédie ce travail. Il y va de votre honneur de le faire mener à bonne fin. »

Fer. IV.

« Plus on voit les hommes, plus on est désenchanté. L'amour et l'idée que nous avons du beau, du grand, nous fait croire que nous allons le trouver dans toutes les personnes que nous ne connaissons pas, qui ont quelque extérieur, quelque réputation. Elles sont ce que sont toutes les personnes que nous connaissons. Le vrai, c'est le désenchantement. »

Fer. V.

« Notre-Seigneur disait que les Pharisiens aimaient les premières places dans les festins. Je suis pharisien sous ce rapport, car ce n'est qu'une fausse humilité qui me fait m'effacer. A table, hier, je fus froissé de me voir donner la 2ᵉ place. On me dit aujourd'hui que le bruit courait chez certains ignorants que j'étais vicaire général. Cet absurde bruit m'a fait plaisir. On a donc là bonne opinion de moi, on m'élève au-dessus des autres.

« Ce sentiment d'orgueil m'humilie. Je serais donc peiné si l'on avait mauvaise opinion de moi, si on me plaçait au-dessous des autres !

« Je commence à me réformer un peu et à revenir à Dieu..... »

Fer. VI.

« Toutes les paroles que je dis sur mon avenir, sur les différentes positions que Monseigneur peut me donner : Je serais fâché de ceci ; je n'irais pas avec plaisir ; je lui ferais mes représentations ; je préfère être vicaire qu'aumônier, etc., prouvent une chose, c'est que je ne fais pas bien ma méditation, c'est que je dois faire pitié aux personnes spirituelles. Si j'aimais mieux l'obéissance, l'humilité, la résignation, le détachement, je ne dirais rien, ou je paraîtrais content de tout, quelque mauvaise et désagréable que dût être ma future position. Ainsi, à l'avenir, je parlerai avec douceur, complaisance et indifférence de tout cela. D'ailleurs, nous ne sommes pas de ce monde : nous y resterons si peu ! Où et comment que nous y soyons, que nous importe ! O Dieu, ramenez mes frères, mes parents et nos paroissiens à la piété ; prenez soin de nos âmes ; sauvez-nous, et puis, advienne que pourra !..... »

Sabb.

« Je récite bien mal le bréviaire. Mon ardeur pour la prière est bien faible. Qu'est devenu ce temps où j'écrivais :

> Le jour finit; l'astre qui nous éclaire
> N'a plus de feux; mais notre cœur
> Ne sent point faiblir son ardeur
> Pour la prière,
> Et la lumière
> De votre foi toujours luit,
> Et pour nous n'a point de nuit (1).

« — On m'a aujourd'hui remercié d'un petit don que j'avais fait; ce sont les religieuses de Bourret (2). Ce remerciement m'a fait un grand plaisir. Si les hommes savent ainsi reconnaître un bienfait, combien plus Dieu reconnaît les actions que nous lui offrons. Si l'espoir d'être remercié par les hommes, d'être connu d'eux, nous pousse à de bonnes actions, combien plus doit nous y pousser la foi que nous avons en la fidélité de Dieu, qui remarque tout et n'oublie rien. Les hommes doivent être comptés pour rien ; que le remerciement arrive ou non, qu'ils remarquent ou non ce que nous avons fait, notre situation d'esprit doit être la même. Dieu doit être tout pour nous. C'est évident.....

« Pourquoi ne me conduirais-je pas d'après ces principes ? »

2° *Die mensis Mariæ.*

« Quel trouble ! O mon Dieu, que je vaux peu de chose ! Je ne peux souffrir qu'on me mette à la dernière place. Ceux qui le font me deviennent

---

(1) Fragment d'une poésie de l'abbé Vaissière.
(2) Les sœurs de la Présentation, dites *Dames Blanches.*

odieux.. Je voudrais qu'on me prisât un peu. J'ai beau me dire qu'il est bon d'être humilié, je ne peux ni ne *veux*, — remarque bien mon âme, — ni ne *veux* m'y soumettre. Il a fallu me confesser pour retrouver un peu de tranquillité. Oh, quel trouble ! Et je sens que je n'en suis pas sorti encore, mais j'ai plus de force. Oui, mon âme, continue à te réjouir de ce qu'on te donne la dernière place ! Si on ne te la donne pas, prends-la. Il est beau de s'abaisser soi-même sans que les autres vous abaissent. Dieu rétablira tout un jour, et peut-être bientôt. D'ailleurs:

« *Qui se exaltat humiliabitur.*

« *Dieu me voit ! Dieu me voit !*

« *Deus tu omnia nosti.*

« Je sens que je ne vaux rien... Que j'apprenne à ne pas traiter rudement mes pénitents ! »

13 mai.

« Je suis faible quand je lutte contre moi-même ; je ne sais pas prendre le dessus sur mon amour-propre. Je suis convaincu que j'ai tort, que le bon Dieu a raison quand il nous dit : *humilibus dat gratiam*. Eh bien ! je ne peux gagner sur moi-même de me soumettre. Je préfère lâcher la bride à mon esprit, rouler des projets infaisables, des souhaits irréalisables ; je ne reviens à moi que bien tard, et...... je sens que je ne vaux rien. Que de pauvres filles valent mieux que moi, savent mieux s'humilier que moi, ont plus de grandeur d'âme que moi !!... »

CHAPITRE IV.

22 mai.

« Pour aller au ciel il faut être bien prêt, autrement on va se préparer en purgatoire. Nous sommes faits pour Dieu. Nous devrions tendre vers lui, comme deux amours tendent l'un vers l'autre...

« Quand on entend une jolie et limpide voix, quand on voit de belles formes, qu'on découvre un bon cœur, on se sent attiré, et l'on voudrait qu'il soit dit comme de David et Jonathas.

« Mais Dieu est tout cela, la source de tout cela. Il y aura du bonheur à s'unir à lui. Il devrait nous attirer comme l'aimant attire le fer !...

« Ah ! s'il en était ainsi, comme notre âme, dégagée de ses sens, monterait au ciel !

« Mais non, elle est attirée vers les hommes, vers l'argent, vers ses aises. Elle ne montera donc pas tout de suite au ciel.

O Marie ! une seule chose peut me rendre heureux : pourquoi est-ce que je me penche ailleurs ?... »

25 mai.

« En nous envoyant des épreuves, des tentations, en nous laissant commettre des péchés, Dieu quelquefois, sans doute, nous enseigne comment il faut traiter les autres quand ils se trouvent dans les mêmes positions. Voici que je ne peux supporter d'être humilié. J'ai beau me faire tous les raisonnements du monde, me rappeler Notre-Seigneur, l'Évangile, la raison, etc., etc.; je dis dans mon cœur ces mots sataniques : *non serviam*.

« Oh! qu'il faut être indulgent pour les pauvres âmes qui se trouvent dans le même état! Je me rappelle ces belles paroles des Livres-Saints : « Il « n'achèvera pas de rompre le roseau brisé. » Que deviendrais-je si l'on voulait me forcer à accepter les humiliations? Et si l'on me parlait durement en me disant : C'est là votre devoir? Eh mon Dieu! je le sais bien assez. Je n'ai pas besoin de ces paroles. Celles qu'il me faut, ce sont des paroles de douceur, d'exhortation, d'encouragement. C'est donc ainsi qu'il faut me comporter avec les autres. »

28 mai.

« La pauvre Reine Seguin, nièce de Mme Saint-Martin, supérieure des Dames Noires de Saint-Antonin, est morte le 25 à Paris, du choléra, après vingt-deux heures de souffrances.

« Où est-elle?..... au ciel. Simple, douce, innocente, elle n'aurait pas refusé mes humiliations.

« Sa douceur, sa modestie ne sont-elles pas préférables à la science, l'orgueil, l'élévation de telle ou telle personne? Pourquoi ne travaillerais-je pas à acquérir ces vertus? Elle valait dix fois mieux que moi, et il ne dépend que de moi de valoir autant qu'elle.

« O Dieu, mon unique secours, venez à mon aide!

« *Deus, in adjutorium meum intende.* Faites que je recherche, coûte que coûte, ma perfection et votre volonté. »

31 mai.

« Jésus-Christ, envoyant ses apôtres prêcher, leur fit cette instruction :

« N'emportez rien dans vos courses, ni bourse, « ni pain, ni argent, ni deux tuniques. »

« C'est comme s'il me disait : Dans ton poste, ne te mets en peine ni de l'argent, ni des bénéfices que tu y trouveras.

« Et, — continue Notre-Seigneur, — dans quelque « maison que vous entriez, n'en sortez point. »

« Il ajoute ailleurs :

« Mangez ce qu'on vous présentera. »

« Là, je trouve ma ligne de conduite tracée : quand on me traiterait mal, que j'aurais peu d'argent, que mes voisins en auraient plus que moi, que m'importe !

« *Manducate quæ apponuntur vobis.*

« Qu'on me mette à *** ou à ***, ou dans un endroit désagréable, où qu'on me laisse ici, *in* « *quamcumque domum*, etc..... il doit m'importer « peu. Que ce soit une maison noble ou pauvre,.... « je suis prêtre pour Dieu et non pour moi. »

10 juin.

« *Corpus Christi.*

« Nos actions n'ont qu'une bonté, celle qu'elles tirent de leur conformité à la volonté de Dieu. Quand je suis contrarié, humilié, je forme des

CHAPITRE IV.

souhaits : Ah! si les choses tournaient ainsi, si ma position changeait de telle façon...

« *Stulte!* Quand nous faisons une chose bonne et que le prochain le voit, nous sommes heureux ; nous en ferions dix fois plus, s'il le fallait, pour être loué, pour rendre service à un homme malheureux qui nous accable de remerciements...

« Les hommes polis, les jeunes gens du monde, s'humilient, sacrifient leurs aises, se mettent aux places les plus incommodes, par courtoisie pour les dames... *Stulti!* et pour Dieu nous n'en ferions pas autant !

« Oh Dieu ! pour obtenir l'agrément du monde, on se ferait tuer... et moi, pour obtenir votre approbation, vos grâces, votre ciel, je ne ferais pas autant que cela.....! »

20 juin.

« En dehors de l'amour de Dieu, tous les autres sentiments sont de l'égoïsme, à moins qu'ils ne soient sanctifiés. La gloire, l'amour, la science..... Mais dans tout cela, si vous prétendez aimer autre chose que vous-même, vous vous séduirez ! L'amour, la gloire, la table, vous font éprouver des sensations que vous aimez ; vous courez après elles, croyant ou voulant croire que c'est le bonheur, mais vous voyez bien que c'est *vous* que vous cherchez.

« Assurément vous n'agissez ni pour la vérité, ni pour l'humanité, ni pour vos amis... Si c'est le bon, le beau, le vrai que vous cherchez, d'où vous arrivera le bonheur ?... Allez à Dieu qui est tout cela par excellence. Vous aimez la science pour elle, non pour le plaisir d'un moment? Etudiez Dieu, étudiez ce que Dieu a révélé, étudiez ce qui *est*, étudiez le vrai. Vous aimez par amour? Aimez donc Dieu qui a fait l'amour et les objets de l'amour. »

14 juillet.

« On se relâche bien facilement. Nous, prêtres, nous sommes appelés à une grande perfection ; et, pourtant, que de personnes dont les dispositions intérieures nous font honte.

« Mon Dieu! en leur expliquant leurs devoirs, j'apprends les miens... Donnez-moi la force de les pratiquer comme vous la leur donnez par mes exhortations! Que je ne sois pas mon propre juge!

« Je connais, par l'enseignement de Jésus-Christ et de son Église, ce que je dois faire ; je sais que l'humiliation est bonne, que je dois m'en réjouir, que les dernières places sont les meilleures, qu'il vaut mieux céder et se soumettre que lutter, être ignoré qu'être connu... Pourtant je me refuse à me conduire d'après ces principes. Quand le moment vient, je me révolte dans mon cœur, et tout ce que je fais, c'est d'avouer que peut-être j'ai tort, et de réfléchir, dans ma raison, pour me prouver que rationnellement l'Évangile a raison.

« Lâche, incrédule que je suis! Bientôt après je vois par mille raisons qui se déroulent en masse devant moi, je vois, par intuition, que la seule doctrine à suivre, la seule vraie, grande, noble est celle de Jésus-Christ. Alors, honteux, je ne veux plus raisonner, je m'avoue vaincu.

« La raison de Jésus-Christ, qui voit tout infiniment mieux que moi, n'a-t-elle pas toujours raison?... »

8 août.

« Nous mourrons, et bientôt... Allons, Félix, du courage! Dieu voit tout; les hommes ne voient pas, ne se rappellent pas..; mais au grand jour des récompenses, Dieu ouvrira son livre et règlera tous les comptes.

« Mon Dieu, je vous promets tout : abnégation, zèle, vigilance, prière, mortification, confiance en votre Providence, amour !

« Je vous tiendrai parole ! Je vous répète ce que je vous ai dit si souvent : je ne vous demande ni estime ni bonheur en ce monde, mais bien revers, humiliations, gênes, tourments, et surtout et avant tout, courage, résignation, piété, sagesse, intelligence.....

« *Gratiam tuam et mihi sufficit. Amen.* »

9 août.

« Dans quel état sommes-nous? Nous avons tous les péchés capitaux et, partant, leurs enfants : — l'orgueil, l'avarice... c'est évident ! — La colère qui me fait me révolter intérieurement, me donne le *spleen*, me fait dire ce que je ne voudrais pas dire, me fait fronder, fâcher, crier, quereller.......

« La paresse... oh! c'est évident!... »

26 août.

« Hier, j'eus avec *** une dure conversation. J'en avais déjà eu une fort dure. A quoi me sert tout cela? J'y trouve des croix comme j'en trouverais ailleurs. Je ferais beaucoup mieux de les porter *hilariter*.

« Et ne devrais-je pas considérer le bien et non le mal de ***? Sans contredit il y a beaucoup de bien. Ma mauvaise humeur fait du tort à mon âme, blesse le prochain et me déconsidère aux yeux des hommes. Une noble et sainte conduite vaudrait beaucoup mieux.

« Je m'engage envers moi-même à ne parler jamais qu'en bien de ***. Je me punirai à peu près le même temps qu'aura duré la mauvaise phrase ».

7 novembre.

« On a bien raison de dire que la vraie humilité est extrêmement difficile. On est humble volontiers en paroles; mais si l'on nous traite comme nous en exprimons le désir, alors tout notre être se révolte. J'en fais la triste expérience. On me regarde comme le dernier et je ne peux m'y faire; mais pour plaire à Dieu, pour remporter cette victoire, pour fortifier mon courage, je tiendrai bon et je ne réclamerai pas, quoique je le puisse faire.

« Que la vie est un temps d'épreuves !

« Nous ne sommes ici qu'en passant. Nous ne devons pas y rester comme à notre dernier terme. Tout nous est moyen, et pas autre chose; rien ne nous est fin. Dieu, et la nature qu'il a établie par sa volonté, nous enseignent bien des choses pendant cette vie. Si nous les écoutons bien, ces choses nous mèneront à notre terme; si nous les écoutons mal, nous nous fourvoierons.....

« Ceci est pour me prouver que je ne dois pas écouter les mouvements d'amour-propre blessé qui me rendent si mécontent.

« O petit philosophe que je suis ! Est-ce le plaisir ou le devoir qui me fera marcher ? Que d'autres marchent à grand accompagnement d'écus, d'esprit, de fêtes, de tranquillité !..... Moi, dans tout l'opposé, dois-je faire mon chemin en pleurant ? Non, non, nous allons au même but. Je remercie Dieu de ce qu'il me juge digne d'y arriver avec moins de mobiles sensibles que d'autres. »

17 décembre.

« Il est bien vrai que je me conduis comme un homme sans foi et sans espérance, ne désirant que les premières places, comme les pharisiens, cherchant l'estime des hommes. Ce n'est pas chez moi maladie de nerfs; c'est maladie d'esprit.....

« Je prie Dieu de m'humilier aux yeux des autres et à mes propres yeux. — *Bonum mihi quia humiliasti me.*

« Saint Augustin a dit :

« *Deus patiens quia æternus*. Nous aussi nous devons être patients, parce que nous sommes immortels. »

11 juin 1851.

« L'abbé *** m'a dit ce soir une parole qui me frappe beaucoup. Il me l'a lancée dans la conversation pour la seconde fois depuis quelques mois. Elle doit être bien vraie, car deux fois elle est allée au vif. Jamais je n'ai aussi bien compris une ancienne vérité qui frappa pour la première fois mon oreille, il y a 6 ans, dans une retraite : que pour connaître notre vice dominant, il ne faut pas tant faire notre examen nous-mêmes, que s'en rapporter à celui que les autres font de nous. — Histoire de la besace que Jupiter, d'après La Fontaine, a mise sur nos épaules. —

« L'abbé *** a donc dit :

« Je ne suis pas comme l'abbé Vaissière ; je me
« trouve bien partout. »

« Et il avait raison (1). »

— Habitué qu'il était à se rendre compte de son état intérieur et de tous ses mouvements, l'abbé Vaissière avait acquis une certaine promptitude à juger aussi les autres. Rien ne lui échappait dans l'attitude, les qualités et les défauts ; mais il se

---

(1) Ne serait-il pas juste d'appliquer au fond du caractère de l'abbé Vaissière cette pensée du livre inimitable de l'Imitation : *Minus est et insufficiens quidquid præter te ipsum mihi donas*.

serait gardé de mettre au jour ses remarques, s'il avait craint de blesser le prochain. Ce n'est qu'en ouvrant certaines pages intimes de son journal de 1851 à 1852, que nous trouvons quelques portraits qui montrent ce qu'il avait d'original et, comme on dit, de primesautier dans le jugement. Nous nous bornons à deux citations :

« — L'abbé *** du diocèse de *** a prêché. Beaucoup de mots, aucune suite, pas de sujet. Quelques vagues pensées délayées outre mesure, salmigondis de toutes sortes de mots et de pensées spirituelles, c'est-à-dire spiritualisées. Tout composé de parties fort étonnées de se trouver ensemble. *Humano capiti...* d'Horace.

« Avec cela, assurance désespérante, belle voix claire, gestes nombreux et dégagés... Ça coule, ça coule... Je me figure ces rêves dans lesquels on croit parler, même en vers quelquefois, et les mots vous arrivent variés, élégants, de 6 pieds ! Peu importe qu'ils soient justes ; vous croyez faire merveille !

« Que faut-il de plus pour le succès !...

« — M. le chanoine de M*** écrit des sermons comme M. B*** écrit des lettres : sept ou huit par jour, à ce qu'il m'a dit lui-même. Mais il ne met que les divisions, sous-divisions et énoncés de preuves. Chaque sermon tient deux ou trois pages au plus. J'ai été étonné d'y voir constamment sept points, et j'en ai fait la réflexion à haute voix. « *Numero Deus* *impare gaudet*, m'a-t-il répondu. Quand j'ai ces sept points dans la mémoire, avec leurs subdivisions je parle facilement pendant une heure. » — Je le crois.

« Ceci m'explique pourquoi, dans le mois de Marie qu'il prêcha à la Cathédrale en 1848, il racontait invariablement sept histoires à chaque instruction.

« Il a une écriture antique, une ortographe antique, écrivant invariablement *relligion, sçavants;* mettant des virgules, des points d'interrogation partout, *à la boumbouso,* comme on dit en patois.

« En le lisant il me semble l'entendre déclamer. Je crois qu'il doit éprouver une énorme difficulté à apprendre ses discours par cœur. Il n'y a pas d'ordre dans l'expression de la pensée ; elle se développe confusément. Il y a de grands mots, des pensées *altières;* pas d'enchaînement, ni de ces mots et de ces pensées qui aident tant la mémoire quand ils se lient naturellement.

« Il a de l'ordre dans son style comme dans ses affaires.

« Il écrit correctement tout juste: *quand à moi,* par exemple. Ce n'est pas un *lapsus;* cette orthographe est constante.

« Mon frère, qui lui a soufflé la *passion* à l'hopital, l'an dernier, m'a assuré avoir vu la fameuse *parenthèse,* qui n'est pas du tout entre parenthèse.

« La parenthèse de M. de M*** arrive à l'endroit où il dit : « — Qui a crucifié Jésus-Christ ?

— Les Juifs ? etc.....

— Non; ce sont les pécheurs.

« C'est vous, avares; c'est vous, impudiques (c'est vous, fourbes du sanctuaire qui m'entendez peut-être maintenant).

« Et s'il n'y a qu'un homme du sanctuaire qui l'écoute? Il l'a lancée, dit-il, devant ses ennemis.

« Mon frère a vu aussi le célèbre tuyau qui sert à M. de M*** pour boire debout quand il est en chaire. Il s'en sert comme d'une trompe artificielle, qui lui permet de puiser le sirop dans une fiole placée entre les mains du souffleur. »

CHAPITRE V.

Quelques pages pour servir au monument de pieux souvenir.

1852.

En 1852, devenu aumônier des Ursulines, l'abbé Vaissière habita le faubourg Sapiac. Une maison amie lui offrait, avec beaucoup plus d'espace qu'il n'en avait eu à la maîtrise, le calme des bords du Tarn.

Là, il put prendre chez lui son plus jeune frère, l'envoyer chez les Pères Jésuites pendant le cours de la journée, et se charger lui-même de l'étude du soir. Il la faisait marcher de concert avec la culture assidue, intelligente, des aptitudes de l'enfant pour les arts. Le violon et les crayons du dessinateur venaient remplir les heures de récréation et faire trève aux thèmes et aux versions classiques.

Le jeune frère se formait en même temps aux leçons de la vraie piété sous un maître si aimable et si simple. On aimait, dans cet intérieur, ces trois choses qui ravissaient aussi le jeune Mozart et son père, et dont ils parlent dans leurs lettres :

« *Musica, Poesia e Belle Lettere*, sans oublier d'y joindre quelques *pater* (1)! »

Cette tendre affection de notre abbé pour ce frère, nous l'avons tous connue..... Elle s'était enracinée plus profondément par un acte antérieur au temps dont nous parlons, et qui est raconté dans les premières pages du journal daté de Saint-Antonin.

« A l'*Escrignol*, dit une simple petite note rapi-
« dement tracée, mon jeune frère Victor, s'amusant
« sur le tertre, tombe dans la Bonnète; je l'aper-
« çois avec ses petites jupes sur un banc de pierre
« où il n'y avait pas quatre doigts d'eau. Je saute
« sans réflexion d'une hauteur de trois mètres au
« moins, je tombe sur lui, les jambes écartées;
« je le sauve; tout cela sans mesurer le danger.
« J'aurais sauté dans le feu!... »

Le logis des bords du Tarn fut souvent visité; il y vint beaucoup d'amis, et il s'y donna des leçons et des conseils que plusieurs, devenus prêtres depuis cette époque, garderont toujours au fond d'un cœur reconnaissant. Dans cette calme retraite de Sapiac, lorsqu'un visiteur arrivait chez l'abbé Vaissière, sa modeste table s'augmentait aussitôt d'un couvert; et si l'invité s'excusait : « Il n'y a pas un plat de
« plus, disait le bon aumônier, mais il y a de la
« place, pourquoi n'en profiteriez-vous pas? »

Que de longs et bons entretiens dans cette maison austère et gaie, où même la souffrance était accueil-

---

(1) *Vie d'un Artiste chrétien au* XVIIIe *siècle*. — Goschler.

lie par un sourrire à son arrivée. Elle y vint souvent visiter le studieux abbé. C'est à Sapiac que se déclara la première crise de maux d'yeux occasionnée par son rhumatisme, et qui devait être suivie de bien d'autres crises, pendant lesquelles la cécité devenait presque complète par moment.

Ce séjour fut fécond en bonnes œuvres ; de sérieux travaux s'ajoutèrent aux autres études, déjà si sévères. Les quelques pages de son règlement de vie de cette année, nous étonnent par une ardeur progressive vers cet idéal de perfection qu'il s'était fait.

De la surabondance de son zèle il savait, à cette époque, retirer une bonne part, qu'il donnait cordialement au pieux curé de Sapiac, pour l'aider dans ses œuvres. C'est ainsi qu'il s'employa à la solennité du mois de Marie, pendant tout le temps qu'il resta à Sapiac, rehaussant ces belles et pieuses réunions par une musique toujours choisie et enseignée avec goût. Il transforma le petit chœur des chanteuses de cette paroisse ; on venait l'entendre des extrémités de la ville, et l'on s'en retournait ému de l'accent de piété de ces beaux chants, dus très-souvent, paroles et musique, à l'inspiration d'un ami fidèle (1).

C'est vers cette époque que l'abbé Vaissière, zélé visiteur des prisonniers, avait coutume de recommander tous les ans deux ou trois grands coupables — ses amis, disait-il, — aux magistrats du parquet

---

(1) M. Em. Soleville.

de Montauban. Aussi quand MM. A*** et B** le voyaient venir chez eux ou au tribunal :

« Ah ! disaient-ils, voici l'abbé Vaissière qui vient « parler en faveur de ses amis. » Quel bon avocat que l'excellent abbé qui, dans sa mansuétude et sa commisération, trouvait en tous les coupables des commencements de repentir qui le touchaient ! « Pau- « vres gens, disait le zélé visiteur des prisons, l'œil « pur de Dieu voit des taches dans le soleil, et cepen- « dant il oublie nos fautes qui sont innombrables. »

Il y avait à cette époque à Montauban un Magistrat (1) qui, s'il ne faisait pas grâce à tous les *amis* de l'abbé Vaissière, leur donnait au moins chaque soir, devant Dieu, le secours d'une prière ardente.

On allait chercher notre abbé à Sapiac pour toutes sortes de bonnes œuvres. Bien qu'aumônier très-actif du couvent des Ursulines, il resta catéchiste aux Dames Noires, et, de plus, les orphelines des Dames Blanches, petit et intéressant troupeau rassemblé sous la charitable houlette d'un bon pasteur (2), recouraient sans cesse à son zèle, le voulant aussi nommer leur père et se réchauffer à sa ferveur.

Il fallait bien pourvoir aux soins de leur pauvre existence et surtout de leurs âmes. Il n'était pas rare

(1) Depuis moine bénédictin : Dom Bastide, abbé de Saint-Martin de Ligugée, dans le Poitou. Montauban se souvient toujours d'avoir vu le jeune magistrat dans les commencements de sa vie édifiante !

(2) M. Fleys, archiprêtre de la Cathédrale depuis 1826.

que l'orpheline jeune et sans protection, une fois placée par lui chez les chères Dames Blanches, lui laissât sur les bras une grand'mère âgée, sans ressources, qu'il ne rebutait jamais. Alors il se mettait en quête de bonnes âmes, et, pour les toucher, il avait des arguments irrésistibles : *Eleemosyna operit multitudinem peccatorum.*

Quels rapports touchants entre le pieux abbé et ces enfants, dont plusieurs montraient une vraie intelligence de la piété.

Quelques-unes d'entr'elles moururent presque entre ses bras, et lui firent répandre des larmes de consolante émotion par leurs bons sentiments.

Quand il voyait s'envoler vers Dieu les âmes de ces naïves et candides enfants, ses regrets devenaient une poésie. Il écrivait leur épitaphe dans son journal. Nous en transcrivons trois, trouvées à la date de 1852.

16 août.

Épitaphe de Lucie Rolland,
Orpheline, morte aux Dames Blanches à l'âge de 10 ans 10 mois.

Du sein désolé de ta mère,
Monte, enfant, dans le sein de Dieu,
Et sois, d'en haut, mon ange tutélaire,
Car je le fus pour toi jusqu'au dernier adieu.

Autre épitaphe pour la même orpheline.

Elle fut parfaite à dix ans !
Son cœur, à la grâce docile,
Ne connut pas de vertu difficile !
Morte si jeune, elle a vécu longtemps !

> Ses grâces ravirent nos cœurs,
> Le ciel en fut ravi lui-même ;
> Et son amour, jaloux de ce qu'il aime,
> En la prenant pour lui, laissa le nôtre en pleurs.
>
> Le siècle, hélas ! eût perverti
> Peut-être, cette âme si belle...
> Oh ! non, la main de Dieu n'est pas cruelle :
> Elle frappe, il est vrai, mais pour mettre à l'abri.

Epitaphe de Paschale Prunat,

Morte aux Dames Blanches le 26 août 1852. — 23 jours après Lucie Rolland.

> Dors en paix, près de ta sœur !
> Chère enfant, ta mère,
> Résignée en sa douleur,
> Souffre, prie, espère.
>
> J'ai fermé
> La paupière
> Sans lumière
> De tes yeux.
> Fille chère,
> Pour ta mère
> Prie aux cieux.
>
> 1853.

L'abbé Vaissière se dévoua à l'Œuvre du Réfuge. Pendant quelques années il y donna aussi des leçons de plain-chant, afin de rehausser les beautés de l'office sacré. Les religieuses et les enfants se perfectionnaient à ses leçons, et lui-même, si amateur du beau chant liturgique, ne manqua pas d'approfondir encore cette étude. « Il se complaisait dans « les accents de cette voix infatigable des âges « antiques, où les nombreux chœurs de Vierges, « et ces voix plus mâles des fils du Cloître, se répon-

« dent dans la louange éternelle (1). » — Il avait voulu que les simples fidèles aimassent à les entendre et à s'y unir ; aussi trouvait-il qu'il ne fallait rien négliger pour améliorer la prière chantée. Il en rechercha la tradition dans les auteurs les plus compétents, avec le sérieux qui présidait à tous ses travaux.

La révende Mère de l'Enfant Jésus, alors supérieure du Refuge, vénéra bientôt le pieux professeur et surprit, avec son tact spirituel, les secrets de son humilité si assidûment pratiquée, et qu'un vénéré prêtre, qui le voyait de près dans ses rapports avec cette pieuse Maison, caractérisait ainsi : « Je ne
« connais personne qui soit plus égal à lui-même
« en humilité que l'abbé Vaissière, quelque basse
« ou élevée que soit sa position. »

En lisant le *miroir de son âme,* on peut constater combien furent persévérants ses combats et ses progrès en humilité ; alors on ne s'étonne plus du degré de perfection qu'il atteignit bientôt dans cette vertu.

Bien d'autres qualités de son âme se firent jour pendant ses leçons de plain-chant au Refuge.

« — Après de longues heures de démonstration et
« d'exercices, rapporte encore la Mère de l'Enfant
« Jésus, il était juste que la communauté offrît
« au professeur quelque repos et réfection. Il n'ac-
« ceptait jamais, même un verre d'eau, et il finit

(1) Dom Guéranger. — *Institutions Liturgiques.*

« par nous persuader que sa santé s'accommodait mal
« de la moindre nourriture prise entre les repas. »

Le séjour de Sapiac fut donc plein de nobles et saints travaux. Le culte de la bienheureuse Germaine, si chère aux enfants des champs, s'épanouit à Sapiac, précisément à l'époque où notre abbé demeura dans cette paroisse. Le curé avait demandé au grand peintre montalbanais un tableau de la pauvre bergère; Dieu l'obtint de M. Ingres, par un miracle opéré en faveur d'un enfant de sa famille, et par l'intercession de la jeune sainte. L'enfant guérit et l'artiste illustre, s'inspirant des échos de Pibrac et du ciel, peignit le beau tableau que l'on admire à Sapiac.

Pendant ce temps, à Rome, on béatifiait sainte Germaine; et à Sapiac, le pieux curé, tout heureux de son tableau, réchauffait le culte naissant de l'humble bergère. Il savait choisir ses collaborateurs pour une telle entreprise. Il demanda et obtint le secours de son zélé paroissien, artiste et prêtre, et celui-ci à son tour entraîna à ces nouvelles fêtes tous les cœurs humbles et pieux.

On chanta de nouveau à Sapiac, à la gloire de Dieu et de Germaine, et quelques-uns des refrains, où respirait l'allégresse de ces fêtes, restent encore avec tous leurs parfums dans nos souvenirs.

> Sainte Germaine, notre sœur,
> Priez pour le pauvre pécheur!
> Priez, afin que Dieu lui donne
> De partager votre couronne.

Au nombre des religieuses du couvent des Ursulines, une humble et très-vertueuse sœur converse, sœur Marthe, avait toujours frappé notre aumônier. Nous savons déjà ce qui le touchait le plus dans les créatures, et quels étaient ses amis de prédilection. Or, sœur Marthe était humble aussi, ne s'entretenant que des choses de Dieu, et parlant volontiers de la souffrance et du désir de la bienheureuse patrie. L'abbé Vaissière estimait sans doute ses conversations bien au-dessus des petits soins que la bonne sœur avait été chargée de lui donner; et vraiment il fallait bien que sœur Marthe mélangeât beaucoup de spirituel à ses fonctions, puisqu'elle était si élevée dans l'esprit de l'aumônier.

La pauvre sœur, après avoir servi Dieu avec une simplicité admirable, et longtemps aspiré vers les demeures célestes, fut enfin appelée aux noces par l'époux céleste.

Sa mort fut un très-grand vide pour l'aumônier.

— Nous trouvons les lignes suivantes dans son manuscrit, à la date du 19 février 1854.

« Sœur Marthe est morte subitement le vendredi
« 17, vers 3 heures du soir; se trouvant mal,
« elle dit que ce n'était qu'une faiblesse. On lui
« donne une onction générale. M. Guyard venait de
« la confesser. On n'eut que le temps d'aller le
« rechercher. Comme converse, elle avait dû l'at-
« tendre longtemps sur sa chaise, pendant que les
« autres religieuses se confessaient; cela la fatigua.

« J'étais à Saint-Antonin. J'arrive le samedi; on

« avait pris soin d'envoyer à ma rencontre. Un
« pauvre m'annonce, sur la place de la Préfecture,
« qu'on veut me parler au couvent, avant que
« j'entre dans la chapelle. Il ajouta : Je crois que
« c'est pour une mort !.....

« Elle était découverte dans le chœur, en habit...
« Jamais elle ne fut si calme... L'auréole de la sain-
« teté semblait éclairer son beau visage... Une
« croix dans ses mains !...

« On m'avait permis de lui faire une visite à
« l'infirmerie. Je ne la croyais, ni personne avec
« moi, si malade ; elle relevait d'une fluxion de
« poitrine. Je lui avais recommandé de faire le
« sacrifice de sa vie.

« La bonne sœur Julie m'a porté son chapelet (1),
« ses vœux écrits de la main de la Mère de la Nativité
« et une image de sainte Philomène, mauvaise litho-
« graphie appendue à la muraille de sa cellule.

« Je garde tout cela, comme saint Antoine gardait
« les habits de saint Paul.....

« Elle était entrée aux Ursulines à l'âge de 17
« ans et avait fait profession à 19. Elle est morte
« à 59 ans, ayant 40 ans de profession. Elle
« avait une humilité parfaite, une innocence d'enfant,
« une simplicité.....!

« Elle avait écouté cette parole de la sagesse :
« *Omni vita tua dilige Deum.*

(1) Ce chapelet, religieusemeut conservé par l'abbé Vaissière, l'a accompagné dans sa tombe.

CHAPITRE V.

L'année suivante, une nouvelle mort vint affliger la communauté des Ursulines. La Mère de la Nativité s'éteignit dans de cruelles souffrances. Nous reproduisons les lignes que lui dicta alors l'impression qu'il reçut de ces belles morts, pensant en même temps faire revivre la vertu de ces deux bonnes religieuses.

28 juin 1855.

« La Mère de la Nativité est morte hier au soir
« à 11 heures.

« Bonne et excellente sœur !

« Elle a tant souffert ! Depuis longtemps elle ne
« pouvait plus se remuer, et n'y voyait plus d'un
« œil.

« Elle avait la foi.

« Elle me parlait beaucoup de cet esprit de foi.

« Elle aimait la providence, elle en récitait souvent
« les litanies.

« Elle a rempli de cris le couvent pendant sa
« maladie ; je l'ai entendue de la chambre au-dessus
« de la sacristie. Mais pas une plainte !

« Je lui fis une visite, une huitaine de jours
« avant sa mort, et je lui parlai de sa dernière
« heure.

« Elle la désirait tant, qu'elle me demanda si elle
« ne pourrait pas prier pour cela, et si je ne voudrais
« pas lui dire une messe à l'intention de la faire
« mourir !...

« Hélas ! je la lui ai dite le jour même qu'elle

« est morte. Elle ne semblait pas pourtant plus
« malade le matin.

« Elle répétait bien simplement, sur nos obser-
« vations, le *fiat* qui lui était si familier.

« Elle a vu venir la mort avec calme et joie.

« Elle m'a recommandé la petite Erima.

« Sa figure, dans le chœur, m'a rappelé celle de
« sœur Marthe. Quelle sérénité! Quelle auréole!

« *Memento meî, cum veneris in regnum tuum!* »

Ces douces figures de la sainteté le reposaient et dilataient son âme. Et cependant personne n'avait plus de condescendance à l'égard de ceux qui vivaient éloignés de ces vertus surhumaines. En passant dans le monde, il s'y faisait tout à tous et les entraînait tous.

Il avait des moments de franchise et d'originale conversation qui faisaient le bonheur de ses amis, et qui contrastaient avec le sérieux de son caractère et de ses goûts.

Ses bons mots, entremêlés aux idées profondes, et son tact à unir la gaieté et la gravité dans une parfaite mesure, lui donnaient précisément cette supériorité que tous reconnaissaient et acceptaient, tant elle était humble et aimable.

C'est surtout dans les rares moments où il consentait à reprendre son violon, et redevenait l'artiste d'autrefois, qu'à son insu brillait en toute sa personne une flamme qui nous dominait tous. L'amour de l'art, épuré par l'attrait des choses du ciel, donnait à son jeu ce que l'étude, les maîtres, le contact du monde artistique n'auraient pu lui faire jamais atteindre.

Son jugement impartial sur les artistes qu'il entendait s'atténuait ensuite dans la plus parfaite charité.

« J'ai entendu, dit-il, quelque part, M. R. jouer
« du violon. Il s'est plaint assez durement aux
« accompagnateurs de leur peu de mesure et de
« douceur dans le jeu. Lui-même a le jeu très-faible...
« Il a manqué presque tous les sons harmoniques.
« Il prend, en jouant la difficulté, des postures
« qu'on ne prend que dans sa chambre quand on étu-
« die. Il a joué un quatuor, le deuxième de Mozart.
« Je sentais qu'on pouvait faire mieux.

« Est-ce digne d'un homme de donner là sa vie !
« La science de quelques sons, toujours les mêmes,
« que l'on va jouer de ville en ville, est-ce là
« un paradis suffisant ! *La musique instrumentale,*
« *considérée quant à l'artiste qui fait parler un*
« *instrument, est peu de chose.* L'art de la mu-
« sique est beau, mais l'art du mécanicien artiste
« sur un instrument est très-peu beau et très-maus-
« sade. »

— Pour savoir comment l'artiste prêtre comprenait la musique des grands maîtres, il fallait l'avoir vu et entendu dans nos heureuses et trop courtes réunions. Mozart, surtout, avait sa préférence ; il aimait la fraîcheur de ses inspirations mélodiques, et, sous son archet soutenu et mordant, les *andante* de l'inimitable maëstro faisaient vibrer dans les cœurs la corde de la plus vive émotion.

Il fallait, avant de commencer, écouter d'abord le court prologue de l'exécutant :

— « Écoutez ceci, nous disait-il, c'est la voix
« d'une âme qui cherche l'infini. Plus loin, Dieu
« envoie son ange qui lui tiendra un discours tout
« céleste, auquel l'âme répondra ! »

Haydn était pour lui le classique par excellence. Il le trouvait aussi avec bonheur le plus catholique.

Il en saisissait au vol la difficulté, qui paraît si simple et qui est parfois si ardue dans l'exécution.

« Beethoven est beau, disait-il, mais ses dernières
« œuvres manquent de clarté. Cela ne viendrait-il
« pas de ce que son âme ne savait pas regarder la
« lumière d'en haut ?

« Quel dommage ! » ajoutait-il, et il était vraiment touché de ce qu'un si riche génie n'eût pas été uni à un cœur plus religieux.

Puisque nous parlons du talent musical de l'abbé Vaissière, ne peut-on pas noter aussi, en passant, comment il entendait la perfection des chants religieux, dont l'exécution ne lui semblait jamais à la hauteur de l'élan de son âme vers Dieu.

« Connaissez-vous l'*Ave verum* de Mozart ? disait-
« il un jour de ces derniers temps, devant un vicaire
« de Saint-Jacques. C'est bien beau ! C'est ce que
« je connais de plus beau !... Seulement, il est
« impossible de le bien chanter. Mozart lui-même
« ne l'aurait pu. Il y a de ces chants qui deman-
« dent une expresssion que les voix d'ici bas ne
« peuvent pas rendre. »

Cette notion du beau, idéalisée dans l'âme de notre abbé, le rendait très-difficile avec les chanteurs qui lui demandaient conseil.

« Faites donc ainsi, disait-il, en faisant parler « son violon. Recommencez le passage.

— Un jour il enseignait un cantique du Père Hermann dont les paroles commencent ainsi : *Pain vivant! Pain de la Patrie!* Toute la leçon se passa sur les deux premières mesures.

Ce fut exactement la même chose pour l'*Adoremus* si pieux, composé par M. Hippolyte de Saint-Paul.

« *Adoremus!* Prolongez le son ; pourquoi n'y « mettez-vous pas la douceur et l'ampleur qui doi- « vent marquer votre grand respect pour Dieu! La « musique est faite pour exprimer les sentiments. « Faites donc passer dans votre voix la ferveur et « l'amour qui doivent vous pénétrer dans cet acte « d'adoration. »

Il avait une très-grande facilité pour la musique, non-seulement pour l'exécution, mais encore pour la composition. On lui disait un jour qu'il était impossible de modifier l'accompagnement d'un chant d'église.

— Donnez-moi cela, — dit-il, et il composa dix formules différentes d'accompagnement sur le même air, séance tenante.

Tout le monde a connu son zèle ardent pour la beauté de la maison de Dieu, le culte divin et le chant sacré. Il faisait toutes sortes d'efforts pour obtenir que, par là, Dieu fût honoré.

Dans une de ses pages de réflexions sur le chant sacré et sur la musique d'église, nous lisons ce passage :

« Charlemagne ne souffrait aucun clerc de sa
« chapelle qui ne sût lire et chanter convenablement :
« *O tempora !* »

Mais nous appartient-il de parler de l'abbé Vaissière comme artiste, lorsque tant d'autres de ses amis, compétents en pareille matière, pourraient louer dignement le talent hors ligne que Dieu lui avait départi ?

D'ailleurs, il y a tant à dire sur ses vertus sacerdotales, que nous ne voudrions pas affaiblir ce divin caractère ; c'est la pensée qu'exprimait ainsi un de ses vicaires au lendemain de sa mort (1) :

— « Ne cachez pas le prêtre, en parlant de
« l'artiste. Le prêtre ! Il resplendissait si bien dans
« toute la personne de notre saint curé ! Ce serait
« dommage de l'amoindrir. »

Cela est vrai. Mais le pouvons-nous présenter incomplètement, quand ses facultés se tenaient toutes dans une si parfaite harmonie ? Et, en effet, un prêtre pourrait parler de son âme d'artiste, en y trouvant toujours vivante la grâce de Dieu, et que d'artistes trouveraient eux-mêmes des accents convaincus pour témoigner de sa sainteté !

Mais faisons une halte dans sa vie active et dans ses rapports avec le monde, pour examiner comment il cultivait sa propre âme.

---

(1) M. l'abbé Fossat.

Presque toutes ses retraites ont été soigneusement notées. Chaque année, comme le laboureur, il recommençait de tracer son sillon, ou de se refaire dans le moule de la perfection.

Une de ces retraites nous semble avoir été particulièrement propice à ses progrès dans la sainteté. Vraisemblablement il alla la faire sous les yeux de son directeur ; elle est datée de Caussade.

RETRAITE SPIRITUELLE.

15 octobre. — Fête de sainte Thérèse.

« Je pourrais bien prendre la petite chambre.
« Prie-Dieu à côté du lit ; grande table surmontée
« d'un bureau à casier vis-à-vis de la fenêtre ;
« table carrée devant la fenêtre.

« Ce serait un moyen de mieux travailler, que
« d'avoir ainsi une chambre tranquille... Celle-ci,
« est bien nue, bien pauvre ; il y a bien des courants
« d'air, bien des casseroles et des pots ; mais vive
« la pauvreté qui ne m'a jamais effrayé. »

Pensées jour par jour pendant cette retraite.

15 octobre.

« Il est certain que si le prêtre est destiné à
« faire connaître et servir Dieu, par ses paroles
« et surtout par l'exemple, je n'ai pas répondu
« aux intentions de Dieu ; je n'ai pas purement
« pratiqué l'Évangile ; j'y ai mis de l'amour propre,

« regardant, en bien des choses, comment on me
« traitait, de quel œil on me voyait, comment on me
« comparait aux autres, me scandalisant de ce qu'on
« ne me jugeait pas à ma juste valeur.

« Par exemple, dans mon aumônerie, comme dans
« les positions qui l'ont précédée, je suis trop porté
« à vouloir être honoré outre mesure, et je ne con-
« sidère pas que je suis là pour édifier les sœurs et
« le public, servir le couvent et instruire les enfants.

« C'est un sophisme que de me persuader qu'on
« doit m'honorer ; ne prenons pas tant de soin de
« ma dignité. Evidemment ce n'est que ma per-
« sonne et non mon caractère qui peut être mis en
« jeu. Quoique prêtre et aumônier, je peux être mis
« sans humiliation à la dernière place. Si mon
« orgueil en souffre, eh! tant mieux!

« Je n'apprendrai pas l'humilité sans peine,
« évidemment. »

16 octobre. — Saint Calixte.

« Je fais mon examen : je dois me confesser ce
« soir. Je suis épouvanté des jugements que j'ai
« portés sur mes péchés !... Heureusement je suis
« *sûr* que Dieu m'appelle à lui pour me pardonner.

17 octobre. — Sainte Hedwige.

« Je suis dans une grande paix. Il me semble que
« je suis bien avec Dieu. Seulement je ne suis
« pas assez pénitent. Je l'étais davantage dans le
« principe. Il faut que je revienne à cette antique
« mortification.

« J'ai médité sur la fin des créatures, de l'homme,
« du chrétien, du prêtre, de moi-même en tant
« qu'aumônier.

« Evidemment je n'ai pas assez en vue mes
« devoirs, je les néglige pour mille raisons d'amour-
« propre, parce que tout ne marche pas à mon
« commandement et à mon gré. J'y mettrai ordre,
« et je ferai mieux par amour de Dieu. Tant pis, ou
« plutôt tant mieux, si j'y éprouve mille répugnan-
« ces naturelles.

« D'ailleurs, je ne suis pas aumônier pour moi,
« mais pour les autres.

« Au milieu du jour j'ai médité sur l'orgueil. C'est
« là que j'ai trouvé matière à réflexion : orgueil dans
« ma manière de parler des autres, orgueil dans le
« penchant que j'ai à croire ma dignité compromise,
« si je ne suis pas au premier au rang. Au fait, je
« me donne trop d'importance ; on ne se compromet
« jamais en s'abaissant. J'observerai ceci : quand je
« sentirai le trouble me gagner, mon esprit s'obscur-
« cir, ma vanité froissée, je commencerai par me
« soumettre à tout, parce que, y eût-il des raisons
« de réclamer, je ne serais pas assez libre de juge-
« ment pour apprécier la position.

« Le soir j'ai médité sur l'humilité. J'en manque
« complètement.

« Puis, me préparant à la confession, j'ai fait un
« peu d'examen sur tout, en particulier sur l'envie.
« Il y en a beaucoup en moi. C'est de là que vien-
« nent les fautes que je commets, quand j'entends

« dire qu'un tel a bien prêché, qu'il a beaucoup
« de talent. Je parle rarement à l'avantage de ceux
« qui sont de mon âge et qu'on peut me préférer.
« C'est de l'envie. — *A corriger.*

« Méditation sur le jugement, sur la luxure,
« sur la chasteté. J'ai remercié Dieu de ce qu'il m'a
« soutenu si longtemps. Je lui ai demandé pardon
« de la négligence que je mets à prendre les
« précautions que je prenais il y a quelque temps.
« Je lui ai promis d'observer une stricte modestie
« de regard et de maintien. »

18 octobre. — Saint Luc.

« Le matin, méditation sur l'Enfer. Cette pensée
« ne fait pas sur moi autant d'impression que les
« autres. Mais je me suis rappelé que c'est l'idée
« de l'Eternité qui m'a converti. J'ai pensé à ce
« sentiment, qui m'a frappé depuis quelque temps,
« que le chagrin, le déchirement que j'éprouve à
« la mort d'une personne aimée, dont la séparation
« m'est si insupportable, doit me faire comprendre
« la séparation des réprouvés d'avec Dieu, dont
« la seule amitié est nécessaire à la créature, tandis
« que les amitiés de ce monde ne méritent pas d'être
« considérées.

« Cette séparation me paraît être le plus grand
« tourment de l'Enfer.

« Le soir, devant le Saint-Sacrement, j'ai pensé
« au Ciel. Cette pensée me fait plus de bien.

« Tout ce que j'aime, tout ce qu'on aime, tout

« ce qu'on peut aimer, *in hoc verbo instauratur* :
« Dieu !

« Je suis décidé à faire tout pour lui, à me
« détacher de tout et de moi-même pour m'unir à
« lui.

« Au milieu du jour j'ai médité sur la gourman-
« dise et sur la colère, et je me suis rappelé avec
« plaisir les mortifications, tant corporelles que
« spirituelles, que je pratiquais quand je revins
« à Dieu. C'est par là qu'on avance dans l'oraison,
« qu'on se détache de soi et du monde. *Tantum*
« *proficies quantum tibi ipsi vim intuleris.*

« Néanmoins il ne faut pas que je fasse d'im-
« prudence ; mais je reprendrai les petites et nom-
« breuses mortifications de chaque instant.

« Pour la colère, il est humiliant pour moi que
« je sois rude envers les faibles et les petits, et
« obséquieux à l'égard des puissants. C'est un de
« mes principaux défauts. — *A réformer*, quoi qu'il
« m'en coûte, surtout à l'égard de mon frère, du
« petit clerc, des religieuses et des deux commis-
« sionnaires.

« Le soir, méditation sur la mortification et sur
« la douceur. Il me semble que la mortification me
« plaît par dessus tout. Je veux absolument me
« détacher de tout et m'unir à Dieu, pratiquer
« l'amour de ma bassesse, de mon infériorité...

« Douceur, c'est-à-dire manifestation de la charité
« intérieure. Je me suis senti très-humilié de cette
« réflexion : que je n'aime que moi, et pas du tout

« le bon Dieu, puisque j'ai souvent été rude envers
« les créatures. »

19 octobre. — Saint Pierre d'Alcantara.

« Le matin, méditation sur la miséricorde. J'ai été
« un enfant prodigue dans toute la force du terme...
« En moi s'est vérifiée cette parabole.

« Mais à peine ai-je dit *surgam*, à peine ai-je
« manifesté l'intention d'être au nombre des plus
« vils mercenaires de mon Père, qu'il m'a reçu à
« bras ouverts, qu'il m'a comblé de caresses, qu'il
« m'a fait préparer le festin et m'a fait donner
« l'habit du prêtre, *stolam primam,* me recevant
« non parmi les mercenaires, mais parmi ses prê-
« tres, de manière à rendre jaloux ceux qui n'ont
« pas fait autant de péchés que moi! »

Au mois de décembre 1856, Mgr Doney le chargea, de concert avec M. l'abbé Legain (1), de l'instruction religieuse à l'Ecole normale (2). Il y donna ses heures de classe, les lundi, mardi, jeudi et vendredi de chaque semaine.

« Me voilà pris, disait-il, quand on le voulait
« ailleurs. Et il ajoutait gaiement: Ce sera là *ma*
« *musique* pendant à peu près tout le cours de
« l'année. »

(1) Depuis évêque de Montauban.

(2) Mgr Doney lui confiait un cours qu'il avait lui-même professé. Il aimait à le rappeler autrefois à ses élèves déjà avancés dans la philosophie : « Quand vous saurez, disait-il, toutes les sciences, ayez soin d'oublier tout, pour ne vous rappeler que votre catéchisme. »

Il se reposait dans l'esclavage de ce devoir, et trouvait ses délices à gravir péniblement la montée de Sapiac, qui le séparait de ses nouveaux élèves. Ceci n'empêchait pas qu'on n'allât le chercher pour toutes sortes d'autres bonnes œuvres.

Afin de pouvoir démontrer avec plus de précision les leçons de la Sainte-Doctrine, il régla son temps avec plus de sévérité, ne gardant pas une heure à dépenser pour son repos ou sa récréation.

« Je ne sais pas, écrit-il vers la fin de 1856, si
« je pourrai observer tout ce que je vais marquer,
« mais du moins j'essaierai. Je fais aujourd'hui
« ma retraite du mois ; je suis résolu à changer.

« Il faut que je travaille à tout prix, de midi à
« sept heures.

« Je ferai une heure de théologie morale, autant
« de théologie dogmatique, autant de droit cano-
« nique, autant d'Ecriture-Sainte, autant d'Histoire
« Ecclésiastique.

« Je séparerai ces études par la lecture spirituelle,
« l'office, la visite au Saint-Sacrement, qui me
« détendront l'esprit.

« Au commencement de chaque semaine, je
« résumerai le travail de la semaine écoulée ; j'en
« ferai autant pour le mois écoulé.

« Je ferai *bien* mon travail, au risque de ne pas
« faire bien du travail. »

Et pour son âme, comme pour son intelligence, il rapporta la même ferme et nette résolution.

« Je m'exercerai sur une vertu en particulier pen-

« dant un certain temps, de telle sorte que tous
« mes exercices tendent à la même fin.

« Je prends, pour ce mois, la fidélité à mon
« règlement.

« Viendront en sous-œuvre la mortification, la
« pauvreté, l'amour du recueillement, l'examen de
« prévoyance. »

Dès lors il marcha à grands pas vers cette « sain-
« teté qui ne ménage pas la vie (1). »

Au mois d'août 1856, l'abbé Vaissière revit le
R. P. Delpech, supérieur du séminaire des missions étrangères à Paris, son compatriote et son
ami. Il n'avait pas eu le bonheur de se retrouver
avec le zélé missionnaire depuis le retour de ce
dernier de Pulo-Pinang (2), d'où, peu de mois avant,
M. Delpech lui écrivait :

« La pauvre mission d'Annam est toujours per-
« sécutée et à la veille d'un édit royal des plus
« violents, qui sera promulgué après les fêtes du
« premier de l'an annamitique.

« Malgré ces menaces, les payens se convertissent
« en très-grand nombre. Que Dieu en soit béni,
« ainsi que sa Mère immaculée; que les chrétiens ici
« aiment et honorent d'une façon toute spéciale ! »

Dans la même lettre, le R. P. Delpech se recom-
mandait par l'abbé Vaissière, son meilleur ami,
aux souvenirs de ses autres condisciples, lui disant :

---

(1) Mme Swetchine.
(2) Possession anglaise, près la presqu'île de Malacca.

« que l'abbé Saint-P*** F***, M. D*** prient pour
« moi, car j'en ai besoin. Je croyais que ces pays-
« ci me donneraient un peu de ferveur, mais c'est
« toujours comme avant.

« Si vous êtes déjà à Caussade, veuillez offrir mes
« respects à l'excellent M. Vinel. Je conserve tou-
« jours la plus vive reconnaissance pour les bons
« soins qu'il a eus pour moi, soit sous le rapport
« de la science, soit sous celui de la piété. »

Si nous nous rappelons quel fut le genre d'intimité de l'abbé Vaissière et du missionnaire, de ces deux cœurs ardents pour le règne de Dieu dans les âmes, nous nous ferons l'idée du bonheur de leur réunion.

L'abbé Vaissière l'annonça, comme la bonne nouvelle, à ses autres amis. Mais, pour le voir dans l'épanchement de son ancienne amitié, il fallait le suivre à Saint-Antonin, où il alla rejoindre le digne missionnaire.

Cette visite à Saint-Antonin, en compagnie du R. P. Delpech, fut pour lui une grande consolation.

Qui dira ce que le nom de leur ville natale contenait d'intérêt et d'émotions pour ces deux amis ! Ce sol de Saint-Antonin, où ils furent toujours largement payés d'affection, tenait à toutes les fibres de leur cœur.

Leurs pas l'avaient si souvent foulé dans l'enfance et l'adolescence, que tout le pays conservait le parfum de leurs joies et de leurs investigations enfantines. C'était là qu'en compagnie de ce même ami, le zélé petit Félix s'était essayé aux courses fatigantes des rochers, par les plus âpres chemins. Il faisait, disait-il, l'apprentissage de la vie du missionnaire.

Hélas! ces essais qui n'affaiblissaient pas plus les forces que le courage de l'un d'eux, étaient insurmontables pour la frêle santé du jeune Félix.

En se retrouvant sur ces mêmes rochers, avec son ami d'enfance, quels durent être leurs entretiens, et que d'élans partirent de leurs âmes.

Après cette visite on nous fit craindre, à plusieurs reprises, que le missionnaire n'entraînât son ami.

C'est à ce propos qu'une sainte âme, qui voulait retenir ce dernier à Montauban, nous écrivait les lignes suivantes:

« Nous espérons que notre digne abbé n'ira pas
« au-delà des mers. Puisse-t-il perdre tout à fait
« l'envie de gagner le ciel à la nage! Il y a à Mon-
« tauban une si grande moisson d'infidèles pour
« son apostolat (1)! »

Le R. P. Delpech partit seul, et l'abbé Vaissière, qui le suivait par le désir, se contenta d'être notre apôtre de Montauban, où il reprit, avec plus de

---

(1) Mme G. de Mortarieu. — C'est à celle qui écrivait ces lignes que l'abbé Vaissière, quelques années plus tard, donnait tous ses regrets, quand elle disparut si vite de Montauban, comme tant d'autres âmes privilégiées.

« Nous avons perdu, écrivait-il, la personne la plus
« *spirituelle*, dans toutes les acceptions du mot, que nous
« eussions. »

zèle que jamais, son ardeur pour toutes sortes de bonnes œuvres.

Parmi les associations de la ville auxquelles il se consacra, il faut placer en première ligne l'œuvre de la Propagation de la Foi. Il aimait à la répandre, même dans le peuple et chez les pauvres, estimant que le denier des orphelins et des petits, offert pour le salut des âmes, ne pouvait être qu'agréable au cœur de Dieu. Que de dizaines de l'association déjà commencées, mais encore incomplètes, auxquelles le pieux aumônier apportait son contingent par le nom de quelque pauvre ouvrière, d'une servante, ou par le secours de sa bourse. Nous l'avons mainte fois surpris dans l'exercice de ce pieux subterfuge.

L'œuvre de la Charité et de la visite des pauvres obtint aussi ses plus grands encouragements. C'est sur ce terrain qu'il rencontra des Dames de charité, auxquelles il communiqua le vrai zèle des pauvres, celui surtout qui s'adresse au manque de secours spirituels.

Une de ces dames de charité le seconda d'une façon merveilleuse, et son nom sera sur toutes les lèvres sans que nous ayons besoin de l'énoncer, quand nous aurons dit qu'elle convertissait par sa seule présence, et qu'elle donnait encore plus de pain spirituel par ses bons conseils, que de vêtements et de nourriture corporelle.

L'abbé Vaissière admira cette âme; il aimait à l'envoyer dans ces demeures où le prêtre n'avait pu encore pénétrer, comme un doux et irrésistible éclaireur de la religion; et sur ses pas le bon Dieu ne se faisait pas attendre.

Quand elle fut partie pour le Ciel, cette sainte dame de charité (1) pleurée jusqu'à ce jour par tant de cœurs, notre abbé nous assurait qu'il lui demandait encore de disposer les âmes de ses pauvres, et que, dans mainte occasion, il avait compris qu'elle veillait sur eux et qu'elle obtenait des miracles de conversion.

Oh! que la foi est belle et consolante, et qu'ils en étaient pénétrés, ces deux bénis du Seigneur passant dans le monde en faisant le bien, parce qu'ils élevaient leur regard au-dessus des petits intérêts de la terre!

Nous trouvons, dans le journal intime de l'abbé Vaissière, une pensée que nous rapportons à la personne amie qui nous occupe en ce moment, parce que nous savons qu'elle l'avait suggérée.

« Quand vous voulez connaître le meilleur prê« tre d'une ville, voyez quel est celui qui dit le « mieux la messe et dont le confessionnal est fré« quenté par le plus de pauvres. C'est celui-là: allez « à lui. »

L'abbé Vaissière fut mis en rapport avec un homme distingué, mais retenu, hélas! loin de Dieu par l'orgueil de son esprit, et duquel on avait dit, n'en pouvant venir à bout: *On ne sait jamais où finit*

(1) Mme Camille de Gastebois.

sa politesse et où commence son orgueil. L'austère physionomie de l'abbé Vaissière devait nécessairement impressionner cet homme, croyant au fond, mais ne pratiquant plus depuis les lointaines années de sa jeunesse.

Ce fut une mission difficile et délicate que de se rapprocher d'une telle âme. Notre abbé l'accepta, et triompha de ce pharisien épris de ses propres perfections, car lorsque le vaniteux résiste encore, Dieu justifie la prière de l'humble. Ainsi, à tous les degrés de la société, les personnes les plus opposées par leurs positions et leurs devoirs, ont été pendant dix années portées à Dieu par l'édifiant vicaire et aumônier.

Nous aimons à rechercher dans ses cahiers quel était le foyer où s'alimentait ce feu dont il a échauffé tant d'âmes. En ouvrant les pages de ses deux retraites de 1857 et 1858, nous voyons que son réglement tend, de plus en plus, à l'union à Dieu et à la perfection de la vie. Qu'on nous permette d'en citer quelques fragments.

RETRAITE
Prêchée par le R. P. Nampon, de la Compagnie de Jésus.

7 octobre 1857.

« De même que l'homme trouve par son génie
« des artifices pour augmenter ses forces, comme le
« levier, la vapeur, les secrets de la chimie, etc.,

« ainsi, dans la vie spirituelle, il y a des secrets que
« Dieu a livrés à ceux qui ont cherché, et qu'il a
« cachés aux autres : ainsi la méditation d'après
« saint Ignace.

« Cette idée me frappe aujourd'hui. C'est la
« réponse à tant d'objections que je me suis faites.

« Je m'arrangerai, après la retraite, pour assurer
« une méditation régulière, dès après mon lever.
« C'est le moment le plus convenable. Je ferai
« aussi l'examen de prévoyance.

« Il faut revenir aux habitudes d'autrefois, ainsi :

« Parler de la Sainte-Vierge dans tous les sermons,
« autant que faire se pourra.

« Ne refuser jamais de prêcher, pour peu que je
« puisse le faire convenablement.

« Choisir en tout la dernière place et voir Jésus-
« Christ en chaque personne, surtout en chaque
« pauvre.

« Repasser, tous les ans, si c'est possible, l'Écri-
« ture-Sainte en entier.

« On ne comprend pas que les chrétiens et sur-
« tout les prêtres ne parlent pas entr'eux plus souvent
« de leur Dieu.

« Pourquoi ne pensé-je pas plus souvent à Jésus
« présent dans mon cœur par la communion, ainsi
« que je le faisais autrefois au séminaire !... »

Viennent ensuite plusieurs pages de résolutions,
qui se terminent par les maximes qu'il se prêchait
à lui-même pour se former à être un bon directeur.

Nous donnerons plus loin, à l'article *de sa direc-*

tion, un aperçu de ces maximes qui, par leur sévérité envers lui-même et leur douceur envers les autres, donnent l'explication de l'affluence de pénitents qui accouraient à lui.

Tel est le prêtre que Mgr Doney allait bientôt donner pour curé à une des importantes paroisses de Montauban, où il devait faire briller les vertus auxquelles il s'était exercé dans sa vie d'aumônier.

CHAPITRE VI.

Cure de Saint-Jean de Villenouvelle.

> *Nos autem prædicamus Christum, non in persuasibilibus humanæ sapientiæ verbis, sed in ostensione spiritûs, ut fides vestra non sit in sapientiâ hominis, sed in virtute Dei.*
> (Saint Paul.)

On ne met pas la lumière sous le boisseau, mais sur un candélabre, afin qu'elle brille aux yeux de tous.

Cette parole de l'Évangile selon saint Mathieu, valut sans doute à la paroisse Saint-Jean de Villenouvelle le nouveau curé que Mgr Doney lui donna le 18 mai 1860. Cette date est enregistrée dans les papiers de l'aumônier qui quittait alors les Ursulines.

Lendemain de l'Ascension.

« Ce matin, Monseigneur m'annonce que je suis « appelé à la cure de Villenouvelle; mais ma nomi- « nation n'a pu encore être agréée. »

A cette époque l'abbé Vaissière, malgré son humilité, et à cause d'elle sans doute, était connu et apprécié partout.

Quand sous l'artiste, le violoniste, Mgr Doney découvrit le saint, il se hâta de le montrer à tous. Le doigt de Dieu le lui avait désigné par l'entremise d'un bon juge (1), qui, éloigné de Montauban à cette époque, suivait cependant les différentes phases de la vie de son jeune ami.

Cette amitié, cet attachement de l'écrivain distingué, que le diocèse de Montauban avait possédé pendant quelque temps, a été fidèlement gardé à l'abbé Vaissière : nous en avons eu des preuves, il y a deux ans à peine.

Le nom de l'abbé Vaissière, prononcé à Versailles devant quelques-uns de ceux qui avaient vu ses premiers pas dans le sacerdoce, fut une occasion pour nous de savoir encore mieux ce qu'il avait de mérite et de valeur.

En effet, il y avait tout dans l'abbé Vaissière : science, piété, enthousiasme, bonté toute simple ; tous les prêtres l'aimaient et recouraient à lui, surtout pendant les années de son aumônerie.

Devenu curé, il se donna entièrement à sa paroisse ; il ne se refusa cependant à aucun acte de zèle. Dieu sait s'il lui en fut proposé !

Qui n'a vu l'abbé Vaissière arriver dans la maison de ses amis ou de ses paroissiens, appelé par ses relations ou par de simples devoirs de convenance ! N'apportait-il pas là le cœur d'un

(1) L'abbé de Cazalès, alors chanoine de la cathédrale de Versailles, ancien supérieur du Grand Séminaire de Montauban.

apôtre, et ne semblait-il pas dire dans un langage au-dessus de toutes les formules de la politesse : « Je désire, en effet, vous voir pour vous faire part « de quelque grâce spirituelle, afin de vous forti- « fier et de me consoler en vous, par les rapports « de votre foi avec la mienne (1). »

Ces rapports, à notre grande édification, n'ont jamais cessé de se surnaturaliser, surtout quand, devenu pasteur d'une grande paroisse, notre abbé chercha encore plus à faire passer Dieu lui-même dans sa voix, dans son regard, dans toute sa personne. Sa vertu était le secret des consolations abondantes reçues par sa seule présence. Il trouva bien vite, à Villenouvelle, le moyen d'imiter saint Paul, se faisant tout à tous pour les sauver tous.

Toutes les paroles du grand apôtre, consolant ceux qui sont dans l'épreuve, rappellent sa manière d'exhortation. A l'entendre auprès des malheureux, on voyait que « Celui qui console les humbles l'avait consolé. »

Ses devoirs de curé envers les pauvres malades, remplirent, dès les premiers temps, toutes ses journées ; aussi n'est-il pas une lettre d'appel de ses amis éloignés, ou une invitation, auxquelles il ne réponde par des refus de ce genre.

« Il me faut absolument rester pour mes malades, « et surtout pour une brebis égarée que j'aurai « certainement toute la peine du monde à décider

---

(1) Saint Paul aux Romains. — Chapitres 1, 11 et 12.

« à se confesser, quoiqu'elle soit réduite à un état
« désespéré.

« On m'a dit cependant aujourd'hui que je serai
« reçu avec plaisir. Puis-je m'éloigner? Priez Dieu
« qu'il réduise cette pauvre âme et la soumette aux
« lois de Jésus-Christ et de l'Eglise. »

Pour bien connaître son zèle dans le saint ministère, c'est tout le monde qu'il faudrait interroger, à Villenouvelle surtout, où l'on a gardé si vivante l'édification qu'il y a laissée.

Ce que tout le monde voyait de sa vertu héroïque, au grand jour, les siens vivant à côté de lui l'ignoraient bien souvent, tant son humilité était grande. Ici, laissons parler son frère :

« Ce n'est qu'accidentellement que j'ai appris
« des choses qu'il m'avait cachées pendant de
« longues années. Par exemple, depuis quelques
« mois seulement, je sais qu'il a bravé une menace
« de mort pour aller remplir son devoir auprès d'un
« agonisant. »

— Que le prêtre n'approche pas d'ici, — avait dit le maître impie de cette maison, où une pauvre âme l'appelait et attendait la vie par un retour à Dieu; le prêtre zélé n'hésita pas. Une arme fut dirigée contre lui... Mais Dieu protégea son saint et rouvrit les bras de sa miséricorde au repentir de la dernière heure.

Dans la vie, en apparence uniforme, du Curé de Villenouvelle, il y aurait certainement à raconter des faits intéressants, si ce qu'on pourrait dire à sa

CHAPITRE VI.

louange n'était en partie ignoré, à cause des soins inouïs que mettait son humilité à cacher ses œuvres.

Ses seules visites aux malades fourniraient des anecdotes touchantes ; il est regrettable de n'avoir pas de documents. De quelle manière s'y prenait-il pour faire accepter la pénitence à tant de mourants, quelquefois intraitables pour d'autres ?

Qu'on nous permette d'aller plus avant dans sa vie de curé et de rapporter ici un de nos souvenirs plus récents : Il souffrait depuis quelque temps de la maladie de cœur qui nous l'a ravi ; cependant il montait tous les jours avec peine un long escalier pour aller préparer un malade à la confession. Ce devoir n'était pas encore accepté par le malade ; mais rien n'aurait pu retenir le pieux prêtre. Il continua ses visites assidues, aggravant son mal et se privant de quitter la ville jusqu'à complet retour de la brebis errante.

Plusieurs familles le bénissent, précisément à cause de ses conquêtes sur leurs chers mourants. Mais il n'en racontait point les détails intimes ; c'étaient là les secrets de sa profonde humilité. S'il parlait de ce ministère difficile et délicat, c'était pour dire : « Priez « pour moi, afin que mes péchés ne me rendent pas « trop indigne d'obtenir la conversion d'une âme... » Il ne la nommait pas et se hâtait vers elle, lui apportant la paix et la joie d'une bonne mort.

Combien auraient voulu, et combien tous nous voulions avoir un tel guide pour aider notre dernier pas en ce monde !

Hélas ! il ne sera plus là ! Mais comme il n'a fait que nous devancer là où nous tendons, il nous attirera vers Dieu, qui récompense éternellement.

Mais qu'était l'abbé Vaissière auprès de ceux qui pleuraient de poignantes séparations ! Ah ! nous l'avons appris de bien des bouches, nous l'avons lu à travers d'abondantes larmes dans bien des cœurs de mères désolées !... et nous l'avons expérimenté nous-même !... L'abbé Vaissière était comme l'ange qui montre du doigt l'Éternité et qui arrête le désespoir sur le seuil de l'âme chrétienne.

Sur tout ceci, on pourrait former un chapitre particulièrement touchant, qui se nommerait le chapitre des consolations. Nous y reviendrons. En attendant, suivons l'ordre de ses écrits et recueillons quelques traces de deux ou trois absences qu'il fit en 1861 et 1862. Elles ne sont pas sans intérêt, et elles commencent par une retraite faite au couvent des Carmes d'Agen, au mois de juillet 1861.

26 juillet. — Sainte Anne.

RETRAITE AUX CARMES D'AGEN.

Vendredi soir.

« Je viens faire 3 jours de retraite seul. Je
« la ferai avec tout le monde plus tard, à la retraite
« pastorale.

« Mes résolutions doivent porter sur la prière,

« l'étude, la mortification, en un mot sur l'ob-
« servation d'un bon règlement. »

Samedi matin.

« J'ai servi la messe et assisté le R. P. N... à la
« cérémonie de réception d'une sœur du tiers
« ordre et du renouvellement des vœux de toutes
« les autres. Il n'y avait aucun homme.

« Pourquoi ne me ferais-je pas recevoir ?

« Ma chambre est magnifiquement située : elle
« domine, du haut de la colline, la gare et la ville
« d'Agen. J'ai une grande tentation de passer
« tout mon temps à regarder. Le sifflet des machi-
« nes et les signaux se renouvellent à chaque
« instant. Commençons à rentrer dans la résolution
« *pratique* de la mortification, en nous imposant de
« ne pas jeter les regards de ce côté, pendant les
« trois jours que nous allons passer ici. »

Samedi soir.

« Combien il est douloureux de se trouver tiède !
« Oh mon Dieu ! pardonnez-moi mes négligences
« sans fin !.... Je ne me serais pas cru si coupable ;
« mais quand on s'examine devant vous, sans
« préoccupations, sans ménagements, à votre
« lumière !... Oh ! je suis bien amèrement affligé !
« Mon Dieu ! rendez-moi meilleur ! Donnez-moi
« plus d'horreur pour le péché, plus de régularité
« dans mes exercices de piété.

« Jamais je n'oublierai la douloureuse impression
« que la vue de mon état produit en moi. »

CHAPITRE VI.

Dimanche.

« Mon Dieu, Jésus, Sainte-Vierge, mon bon
« ange, vous qui m'avez tiré de mes péchés d'en-
« fance et de jeunesse avec tant de force, pour
« ne m'y plus laisser retomber, tirez-moi aussi de
« l'état où je suis, et donnez-moi la ferveur à
« votre service.

« C'est donc franchement à moi que s'applique-
« ront ces paroles : *Utinam frigidus esses aut*
« *calidus !* Ah ! si ce n'est pas encore davantage !!...
« Et probablement si ! »

Il entreprit ensuite d'aller voir son jeune frère à Avignon. Tout devait l'intéresser dans cette ville des papes, toujours si chrétienne, d'où émane un parfum tout poétique de catholicisme.

Nous avons lu avec plaisir les quelques pages où il rend compte de ses impressions. Dans ces pages apparaît le curé qui ne veut rien perdre des améliorations à apporter à sa paroisse, et comme déjà une nouvelle église est en projet à Villenouvelle, le curé artiste met à profit tout ce qu'il voit pour le bien du monument qu'il prépare.

Avignon, 23 août 1861.

« La ville est en pierre ; on ne se sert de briques
« que pour les carrelages, qui sont en petites briques

« hexagones passées au rouge. Une grande quantité
« de maisons ont des façades magnifiques, des por-
« tails sculptés. On dirait des palais; on peut au
« moins les appeler des hôtels. De très-petits bourgeois
« et des marchands habitent ces hôtels somptueux,
« dont l'intérieur quelquefois répond à l'extérieur;
« grandes pièces, cheminées en pierre, etc., etc...
« Ainsi se retrouvent les traces de la ville papale.

« Si des maisons privées nous passons aux édifices,
« nous voyons des chapelles comme à Rome. Et
« ici une chapelle vaut une de nos églises parois-
« siales; je parle pour la dimension, car pour la
« beauté et l'ornement elle vaut beaucoup mieux:
« des peintures et des tableaux partout et point du
« tout médiocres. Les peintures murales surtout ne
« sont pas l'œuvre des faiseurs *à la journée*. Elle
« sont de vrais sujets et non des tapisseries plus
« ou moins décorées.

« Les autels sont superbes, en marbre sculpté,
« quelquefois d'une très-grande richessse et variété.

« Les lampes du Saint-Sacrement seules sont de
« simples veilleuses suspendues à des barres de fer
« au pilier de côté.

« Les habitants et les ecclésiastiques savent-ils le
« prix de ces choses, restes de grandeur passée?

« Les maisons se vendent pour rien, et les églises
« sont aussi mal tenues qu'ailleurs. Les reliques
« sont négligées autant et plus que tout le reste.

« Nous avons fait le tour des fortifications:
« deux heures de promenade sans interruption.

« C'est curieux qu'une ville entourée de remparts
« dans notre temps, avec ces machicoulis, meur-
« trières et tours, parfaitement inutiles aujourd'hui.
« Le rôle de ces remparts se borne à fermer le
« Rhône à la porte, en cas d'inondation.

« Je me demande comment on a pu entreprendre
« de pareils travaux. Je songe à la tour de Babel.

« Mon frère me dit qu'il n'y a plus que 5o égli-
« ses ou chapelles. La splendeur du culte s'en va !
« La chapelle des Jésuites est très-belle et coûte
« très-peu. Ses piliers sont en bois et les moulures
« en plâtre. Ne pourrais-je pas faire pour ma paroisse
« quelque chose dans ce genre ?

« Il y a, à Avignon, deux carillons : celui de
« Notre-Dame et celui de Saint-Didier. Le premier
« se compose d'un bourdon en *fa* et d'une gamme
« de 7 notes en *ut*. Le second se compose des
« notes suivantes : *mi, sol, la, si, ut, ré, mi, fa, fa*
« *dièze, sol, la*. Presque toutes les notes ont été
« tournées pour devenir justes ; elles le sont à
« très-peu près.

« J'ai assisté aux vêpres de la métropole. Il n'y
« avait presque personne. Cela se conçoit, puisqu'il y
« a une si grande quantité de chapelles ouvertes au
« culte. Ici, d'ailleurs, il n'y a pas de paroisse, mais
« seulement le chapitre.

« Les chanoines ont un rochet brodé, *cappa magna*
« et camail rouge, avec une décoration suspendue
» au cou par un large ruban blanc et bleu. Le
« suisse est aussi en rouge, culottes courtes, bas

« blancs, épée et pique. Ceux de la cathédrale
« de Montauban et de l'église de Sapiac sont
« ainsi, à la couleur et à la culotte près.

« Il y a aussi un bedeau en noir, avec culottes
« courtes, rabat blanc, chapeau à claque. Le sa-
« cristain est en soutane et surplis sans manches.

« Le célébrant est en chappe, sur un siége à
« dossier et sans bras, un pupître est devant lui.

« Les *bénéficiers* sont en *cappa magna* et camail
« violet (1).

« On ne chante pas mal, hormis les enfants de
« chœur qui sont détestables. Ils chantent faux,
« sans goût et d'une voix étranglée, etc... Mais la
« psalmodie est bonne ; le plain-chant est grave,
« posé, sans lenteur.

« L'orgue accompagne tout, même les complies.

« Ils ont mis au *pange lingua* un air du pays.

« Ce qu'il y a de mieux, c'est qu'un de ces cha-
« noines, qui jusque-là m'avait paru presque un
« cardinal dans sa stalle du fond, s'est levé *peti-*
« *tement* et a fait la quête dans l'église, suivi d'une
« femme qui faisait aussi la quête, à un pas derrière
« lui, pour l'autel de la Sainte-Vierge. Cela a
« détruit toute illusion pour moi. Pourquoi un
« clerc ou un bénéficier ne ferait-il pas cela ? Et
« encore, un bénéficier en *cappa magna* faisant la
« la quête tous les dimanches !

(1) Ces costumes divers rappellent ceux du chapitre de
Saint-Pierre de Rome.

« Pour la bénédiction, le Saint-Sacrement a été
« apporté au maître-autel sous un *ombrellino*.

« Le chanoine théologal explique tous les diman-
« ches l'Ecriture-Sainte. Je ne l'ai pas entendu ;
« nous sommes en vacances. Mais les chanoines
« n'y assistent pas. Quel auditoire peut-il donc
« avoir, puisqu'il n'y a pas de paroissiens ? »

Après ce voyage à Avignon, il continua à s'intéresser aux nouvelles de cette ville où il laissait, d'ailleurs, ce qu'il avait de plus cher, son jeune frère. La correspondance, toujours active entre les deux frères (1), se remplit de charmants détails sur les excursions de celui qui restait, et sur les nouvelles connaissances, hommes de goût et de grands sentiments religieux, que recherchait le jeune frère, à la grande joie de notre abbé, et qui devinrent de nouveaux amis pour tous les deux.

La langue même du pays de Provence, si délicieusement employée par le chantre de *Mireillo*, ne manqua pas d'attirer la prédilection de l'abbé Vaissière, amateur de chefs-d'œuvre, surtout dans leur langue originale. Il étudia le provençal, et il savait gré à son jeune frère quand celui-ci le tenait au courant des nouvelles pièces composées par Mistral et Roumanille, les poètes d'Avignon.

Quelques-unes de ces pièces de vers, qu'il savait par cœur, revenaient souvent à sa mémoire, et il aimait encore à nous les citer pendant sa dernière

---

(1) Nous avons une série de leurs lettres à cette époque.

maladie, par exemple celle intitulée : *Li tres velet d'Isabèu*... Oh ! ce souvenir !...

Il avait la passion du beau. Il avait des termes enthousiastes pour l'apprécier et il s'élevait tout de suite au-dessus du niveau ordinaire. Distingué en toutes ses manières, il a fait souvent dire par ses amis, et tout dernièrement par un prêtre qui l'avait vu de près et le comprenait : « Je ne sais « comment fait l'abbé Vaissière, il n'est jamais « trivial dans ce qu'il dit, ni commun dans aucun « de ses actes. »

Sans singularité, il savait aller de l'admiration de la nature ou des œuvres de certains grands hommes, à la plus haute contemplation de Dieu et à la plus tendre piété.

« Il n'a pas été un prêtre d'une vertu ordinaire, » nous rapporte un de ceux qui l'ont le mieux connu dans son poste de curé. Sa vie, extérieurement parlant, n'avait rien de saillant : le devoir rempli avec dévoûment, la prédication pastorale, la confession, la régularité dans les exercices, etc., etc., voilà ce qu'on a vu de lui. Mais qui peindra les beautés de son âme, beautés cachées à tous les regards, en même temps qu'une foule d'actes de haute abnégation et d'héroïque dévouement ?

Sa personne laissait cependant, en bien des choses, transpirer ce qu'était son intérieur. Il était, nous le répétons, d'une distinction innée. Personne n'avait plus de grâce à dire un mot charitable pour relever le prochain, et, en cela, il n'avait l'air que juste, donnant à chacun une bonne place dans la conversation, faisant valoir les qualités de tous, couvrant dans le prochain les défauts inoffensifs.

Avec tout cela, on comprend que tout Villenouvelle aima son curé, et que cette maison, où il habita avec ses vicaires, fut un modèle de presbytère.

Une souffrance des yeux survint à cette époque; longue crise pendant laquelle notre curé dut souffrir doublement en se voyant séparé de ses paroissiens, lui à toute heure au service des âmes.

« Je suis touché, » écrivait-il, répondant aux nombreux témoignages de compassion à ses maux, « je suis touché de l'intérêt que vous portez à « mes pauvres yeux, dont j'ai fait un si mauvais « usage. Cette fois-ci, je n'ai eu que peu de jours « de maladie aiguë. Dieu m'a beaucoup ménagé. »

Une sciatique avait précédé ce mal ; Dieu éprouvait par tous les genres de douleur celui qu'il voulait si semblable à son divin fils, et qui certainement eût pu prendre pour lui cette devise d'une sainte personne, morte jeune, à peu près à cette époque-là :
« Aimer et souffrir, la croix et beaucoup d'amour!...
« Puis encore des sacrifices et toujours aimer ! »

CHAPITRE VII.

Suite du précédent. — Pèlerinage à Notre-Dame de Font-Romeu.

On proposa au curé de Villenouvelle d'aller demander leur bienfait aux eaux de Graûs, près d'Olette, dans les Pyrénées-Orientales. Pour l'entraîner loin de son troupeau, il ne fallait rien moins que les instances décisives de l'amitié la plus dévouée, celle dont il parlait en ces termes dans la première lettre écrite de Graûs à M. Vaissière père et à la bonne Nanne.

Olette, 12 août 1862.

« La famille de Saint-Paul et Mme Faure de
« Lafferrière sont remplies d'attention pour moi.
« Avant que j'aie le temps de remonter dans ma
« chambre, sur la porte de la chapelle, on m'ap-
« porte chocolat, tilleul, etc., etc.

« Il faut se fâcher, refuser, renvoyer quelquefois.
« Enfin, ma chère Nanne, c'est comme à Saint-
« Antonin.

Nous avons une petite chapelle dans l'établis-
« sement, où je dis la messe tous les jours. Je
« n'ai pas d'autres servants de messe que les
« messieurs de Saint-Paul. »

Dans une autre lettre, il dépeint le site d'Olette, selon son habitude de tout raconter.

« De ma chambre, j'ai une belle vue. Le torrent
« de la Tet coule au bas... J'aperçois à ma droite
« un village perché sur une élévation ; à ma gau-
« che un autre village d'un accès plus facile.....

«..... Il me faudra rester plus longtemps que je
« ne croyais, parce que le docteur Puig me le
« conseille ; les bains me font du bien, mais lente-
« ment. Pour un rhumatisme de vieille date comme
« le mien, il faut un traitement longtemps soutenu.

« Ce climat est vraiment privilégié, quelquefois des
« orages dans la montagne, c'est-à-dire vite passés.

« Nous faisons ici de la musique............. »

Il fit, à l'établissement d'Olette, la connaissance d'un prêtre, ami de Mgr Gerbet, auteur d'ouvrages du meilleur goût et digne en tout point de s'entendre avec lui. La littérature et la piété furent les points de contact de ces deux hommes, si différents quant à l'extérieur. L'abbé de Cazamajor était alors curé dans la plus abrupte montagne, allant quelquefois chercher ses paroissiens jusqu'à la région des loups et des ours. Plusieurs fois, raconte-t-on, il avait lutté contre ces derniers dans ses courses de pasteur.

Le caractère, l'érudition de ce bon curé monta- gnard, plurent beaucoup à l'abbé Vaissière, qui fut toujours fort heureux des visites de cet homme de piété, de savoir et de poésie.

M. A. de Saint-Paul nous rappelle par une lettre le séjour de l'abbé Vaissière à Olette :

« Dès son arrivée, après une longue route en
« diligence, l'abbé voulut célébrer la messe, disant,
« avec raison, que c'était son meilleur remède.
« Comme il ne pouvait faire aucune course,
« nous restions auprès de lui et nous nous livrions
« au charme de la conversation, qu'il animait par
« des aperçus nouveaux et des mots charmants;
« aussi faisait-on cercle autour de lui...

« On ne séjourne pas à Olette sans désirer d'aller
« visiter Font-Romeu.... Plusieurs personnes se
« réunissent, on arrive à Mont-Louis à 15 kilo-
« mètres des bains; et de là on prend la route par la
« forêt, pendant une heure et demie. L'abbé
« Vaissière fit cette seconde partie du chemin à
« pied. En vue de la chapelle il s'agenouilla. Son
« cœur battait quand il entra dans ce sanctuaire,
« et il se disposa à dire la messe avec un grand
« élan d'amour.

« Le soir, il voulut entendre chanter les vêpres
« en se mêlant au chœur des montagnards; il
« fut émerveillé de la façon dont ces braves gens
« scandaient le latin. »

M. de Saint-Paul ajoute, en parlant de l'abbé *artiste* :

« Il était un bon ami pour nous, et mon Gaston (1)

---

(1) M. Gaston de Saint-Paul, ce jeune *maëstro, artibus, musica ac pietate singularis*, comme on pourrait le graver sur sa tombe, comprenait l'abbé Vaissière et se plaisait à mettre sous ses yeux ses savantes improvisations, heureux d'avoir son approbation.

« avait trouvé en lui une âme musicienne, sœur de
« la sienne. »

Donnons le récit de son pèlerinage, tel que nous
l'avons trouvé dans ses notes de voyage.

8 septembre 1862.

« Nous montons à 1,800 mètres au-dessus du
« niveau de la mer, et dans ces régions nous trou-
« vons une agglomération de six ou huit feux,
« les plus hautes habitations de la chaîne des
« Pyrénées.

« La vue embrasse toute la chaîne jusqu'au Cani-
« gou, et toutes les vallées qui déversent dans la
« Tet au levant; au couchant, Carlit et Peyrig;
« neiges perpétuelles, vallée délicieuse de la Cerda-
« gne, immense étendue, ciel bleu, transparence
« de l'air; et plus bas, nuages épais qui rampent
« dans les vallées.

« Une forêt de sapins, d'un caractère grandiose,
« couronne les plus hauts sommets; ses clairières
« nombreuses font des échappées de vue d'un grand
« effet. Là est bâti Font-Romeu.

« Nous montons, au nombre de plusieurs milliers
« de pèlerins, en groupes de nationalités et de cos-
« tumes divers. Tous sont disséminés sur les sen-
« tiers aboutissant à la chapelle.

« Dans la chapelle, j'admire de nombreux *ex-
« voto*, des sculptures, des statues de la Sainte-
« Vierge.

« La statue miraculeuse est à Odeillo, et on ne
« la porte à Font-Romeu que dans l'intervalle de
« la Trinité à la Visitation.

« Aujourd'hui il y a ici deux populations : l'une
« dansante et fort nombreuse, autour de plusieurs
« orchestres ; l'autre religieuse, nombreuse aussi.
« Probablement il y a des gens qui font accorder
« les deux choses ensemble et qui viennent ici prier
« et danser ; la danse est dans les mœurs du
« peuple de ces contrées. Ce qui lui a fait plus
« de mal, c'est la garnison et les diverses adminis-
« trations de Mont-Louis.

« Dans la chapelle on est réellement saisi d'une
« impression vive. La foi de tous ces braves gens
« et leur exemple nous remplissent d'une émotion
« indéfinissable. Ici on prie avec confiance ; on sent
« la Sainte-Vierge présente.

« Cependant tous ces braves gens ne paraissent
« nullement émus ; ils entrent familièrement à l'église
« comme chez eux ; ils y parlent haut, s'assoient
« partout et montent jusque sur l'autel pour mieux
« voir la madone. En même temps, ils sont d'une
« foi et d'une dévotion profondes, chantent à tue-
« tête et par cœur tout l'office, psaumes, hymmes,
« etc., observant la quantité et les règles de l'accen-
« tuation dans la psalmodie.

« Là j'ai entendu les *goigs*, qu'on chante sur une
« mesure à deux temps coupée par des mesures
« à trois temps. Voici une chanson catalane, où se
« trouve la même singularité :

« Una cansonette nova
« Vou la diré (1), etc.
. . . . . : .

« Peut-être cette singularité est-elle le fait de la
« mauvaise exécution et pourrait-on régulariser la
« mesure.

« M. l'abbé Tolra de Bordas, prêtre très-estimé
« comme homme de talent, dans le diocèse de
« Perpignan, et auteur de la brochure sur les
« *Hosties* de Pezilla de la Rivière, a fait une
« notice sur le pèlerinage de Font-Romeu.

« L'étymologie de Font-Romeu serait: *fontaine
« du berger Romeu,* ou bien *fontaine du pèlerin,*
« le mot *Romeu* ayant cette signification dans le
« vieux catalan.

« Une tradition, qui remonte à une époque
« incertaine, raconte qu'un berger, intrigué de voir
« un de ses taureaux flairer et piétiner dans une
« partie du champ, et ne pouvant l'en empêcher,
« y découvrit, après des recherches, une statue de
« la Sainte-Vierge. Il en avertit le curé d'Odeillo,
« qui vint chercher la statue en procession. On
« bâtit là un oratoire et la fontaine voisine fut,
« dès ce moment, fréquentée comme miraculeuse.

« La statue de Marie, comme nous l'avons dit,
« demeure à Odeillo; mais on la porte en grande
« pompe dans son vrai sanctuaire, le jour de la

(1) Elle est notée en chiffres sur le manuscrit: *Souvenir du voyage.*

« Trinité. Quand on l'a négligé par accident, elle
« a fait le chemin toute seule.

« Cette statue remonte à une haute antiquité;
« elle est en bois doré et représente la Sainte-
« Vierge assise, ayant l'Enfant Jésus sur ses
« genoux, pieds nus, et bénissant de la main droite.
« La Sainte-Vierge le soutient de la main gauche et
« tient dans sa main droite un bouquet de fleurs.
« Les doigts sont effilés.

« La chapelle actuelle de Font-Romeu date du
« XIIe siècle.

« Le rétable est en très-beau bois. Derrière le
« maître-autel, à la hauteur de la statue, il y a
« une *camarilla* ou petite chapelle extrêmement
« remarquable par ses décors; les sculptures en bois
« doré sont exécutées avec un vrai talent. On dit
« qu'Oliva (1) trouva cela très-beau.

Ce fut au retour des bains d'Olette, où il avait
réparé ses forces et où sa santé reprit le dessus,
qu'il apprit une nouvelle bien joyeuse pour son
cœur fraternel. Son frère Victor quittait Avignon
pour revenir à Montauban. Depuis plusieurs mois
la pensée de ce rapprochement faisait son espoir; il
y voyait une grande consolation pour son père.
Que de fois il lui avait écrit à ce sujet : « Dieu

---

(1) Oliva, habile sculpteur, né dans le pays, a fait hommage au sanctuaire d'une fort belle statue de marbre blanc, représentant la Sainte-Vierge. Cette statue fut bénie par Mgr Gerbet.

« est par-dessus tout, et tout ce qu'il fera sera
« bien fait. »

En annonçant l'heureux retour du jeune employé, il suggère des pensées d'action de grâces, reconnaissant la main de Dieu sur tout événement.

« Tu ne t'attendais pas, mon cher père, à le voir
« si tôt rappelé à Montauban. Nous devons bien
« remercier Dieu de nous avoir ménagé cette joie.
« C'est Notre-Dame d'août qui nous a valu cette
« nomination.

« Victor ne quitte pas Avignon sans y laisser de
« bons souvenirs. »

Le jeune homme emportait en même temps bien des témoignages de regret. « Cela m'enlève, écrivait-il, une partie du plaisir que j'ai de revenir à Montauban. »

L'année 1862 commença donc, pour les deux frères, une nouvelle et bien douce réunion.

La musique fut reprise, et très-souvent le talent des deux frères vint embellir les pieuses fêtes et donner du relief aux associations naissantes de la paroisse.

Nous trouvons dans les papiers de l'abbé Vaissière, au milieu de plusieurs poésies, des souvenirs qui expriment bien quelle tendre affection il avait pour ce frère. Cela s'explique aisément, par la différence des âges et les soins particuliers dont il avait dû entourer son enfance. Certes, il aimait tous ses frères, mais pour le dernier il en avait été le protecteur et le père dès les premières années.

Le récit de leur enfance et de leur amitié, commence par des strophes poétiques et raconte la mort de leur mère.

Puis viennent les lignes suivantes :

« Et les deux orphelins grandirent ensemble...
« L'amour qu'ils auraient porté à leur mère, ils le
« concentrèrent entr'eux.

« Ah ! qu'une mère aime son fils ! Ainsi l'aîné
« aimait le plus jeune. Ah ! qu'un fils aime sa mère !
« Ainsi le plus jeune aimait l'aîné.

« Un jour le plus jeune tomba dans la rivière (1).
« Il ne marchait pas encore, lorsque, mal surveillé
« par sa bonne, il roula du haut d'un talus. L'aîné
« n'avait que onze ou douze ans ; il se jeta dans
« l'eau et sauva son frère..... Il eut le même élan
« qu'une mère et en éprouva la même joie.

« Plus tard, l'aîné prit avec lui son jeune frère,
« afin que son éducation se fît sous ses yeux. Il
« ne savait pas lui témoigner son affection comme
« une mère, mais, au-dedans de son cœur, c'était
« les mêmes mouvements.

« Il fallut prendre une carrière, et le plus jeune
« partit... La Providence l'envoya dans une contrée
« où sévissait le choléra ! Oh ! quelles transes !
« Tous les deux savaient et se cachaient mutuel-
« lement le danger !

« Et la correspondance ?... Elle ferait pleurer
« celui qui la lirait.....

---

(1) Allusion à l'accident que nous avons raconté plus haut.

« Quand ils se revoyaient dans les courts congés, « l'aîné, qui se croyait homme, pleurait comme une « femme. »

. . . .

(Nous n'avons pas trouvé la suite).

1860.

A partir de cette date nous ne pouvons plus puiser dans ses écrits intimes, où le fond de son âme se dévoile tout entier, et qu'il a si justement nommés *le miroir de son âme*.

Devenu pasteur d'une des grandes paroisses de la ville, il ne confia plus au papier ces pensées, avec lesquelles nous formions nos pages, *n'y ayant mis du nôtre que le lien qui servait à les lier.*

Mais le curé de Villenouvelle agit, et ses actes parlèrent bien éloquemment. Il devint ce livre vivant écrit au-dedans et au-dehors, ouvert à tous, comme on le disait d'un saint personnage.

Le jeune frère de l'abbé Vaissière, aimé d'une affection si touchante, se prépara, sous les auspices de son conseiller et sous les yeux de Dieu qui bénissait une telle maison, à choisir une compagne, et pour cela, comme l'écrivait l'abbé quelques mois auparavant, « il commença par prier Dieu, et il « le consulta longuement dans le sacrement où il « parle au cœur, agissant comme il convient, avec « une lenteur tout à fait chrétienne. »

La bénédiction de ce mariage fut donnée par l'abbé Vaissière dans l'église de M..... en Gascogne, le 18 janvier 1864. Après ce mariage, la famille reprit doucement ses saintes coutumes à Villenouvelle.

Le curé travaillait toujours, visitait ses malades, écrivait ses prônes, et le soir édifiait les siens, les instruisant toujours avec ce charme, cet intérêt qu'il savait donner à ses conversations.

Nous lui appliquons ici ces paroles dites tout récemment d'un saint prêtre :

« Il aima de tout son cœur Dieu, la science « et la famille. Chez lui, le curé n'a pas nui au « savant, ni le savant au curé, et le sacerdoce et « la science, loin de repousser la famille, s'en sont « fait un délassement et un appui. Existence peu « mêlée aux agitations du monde, mais toute réfu- « giée dans la piété, dans la science et dans la « famille. »

Précisément, à cette époque, ses vertus parurent d'un plus vif éclat; il ne parvenait pas à les cacher totalement aux yeux attentifs qui l'entouraient. Sa mortification surtout se faisait jour, et cependant, grands étaient ses soins à paraître au-dehors comme tout le monde.

Il nous revient souvent, à propos de sa parfaite mortification, combien il suivait dans l'usage des aliments ce précepte de saint Paul :

Mangez ce qui vous est présenté ; usez de ces mets comme n'en usant pas.

Un jour, étant à table chez son frère où plusieurs membres de la famille étaient réunis (c'était un samedi), notre abbé racontait que l'Évêque n'avait pas cru devoir accorder aussi facilement au clergé qu'aux simples fidèles la suppression du maigre de ce jour. Pendant qu'il dissertait là-dessus, et qu'il se louait de maintenir et de pratiquer cette primitive loi de l'abstinence, on passa devant lui un plat gras. Il s'en servit et en mangea sans prendre garde au goût et à l'assaisonnement, et en continuant à dire qu'il se faisait un bonheur de faire maigre le samedi.

Comme on ne pouvait obtenir qu'il ménageât sa santé, il fallait profiter de certains moments où, préoccupé de ses lectures, de ses plans d'église, il acceptait sans y prendre garde un adoucissement que sa sévérité pour lui-même aurait rejeté. Néanmoins il s'apercevait de ces soins après coup, et s'avouait « l'objet d'attentions merveilleuses de la « part des siens. Tant qu'ils seront à Montauban, « écrivait-il, je ne redoute plus rien. »

Cependant les périodes de souffrances aiguës se renouvelaient, donnant chaque fois un nouveau lustre à sa soumission résignée.

Tout en souffrant, il consolait et soulageait les autres par ses bonnes paroles. Combien d'âmes il a secourues dans leurs défaillances ! Bien souvent, pour leur obtenir le salut, il offrit ses souffrances, les unissant à celles du divin Sauveur.

Sa charité à consoler les malheureux, à soulager les âmes de ses amis défunts, à relever les courages abattus, s'étendait bien au-delà de sa paroisse, à laquelle il donnait, avant tout, la meilleure part de ses forces et de son cœur.

Pour la première fois se renoua, à Villenouvelle, la chaîne interrompue de l'Adoration annuelle du Saint-Sacrement. Ces solennités, si répandues autrefois, cet immense réseau d'hommages et d'amour à l'Eucharistie qui embrassait, dans les jours de Foi, toutes nos pieuses contrées, tout cela s'était brisé. De rares anneaux épars de la fête continuelle avaient bien été conservés dans quelques heureuses paroisses, mais, à part ces exceptions, ces saintes coutumes n'avaient pu résister à l'impiété et au souffle de l'hérésie.

Mgr Doney travailla à généraliser ces manifestations de foi ardente au sacrement d'amour, et il recomposa son cycle eucharistique, où chaque jour commence une fête nouvelle.

Le curé de Villenouvelle répondit avec transport à l'appel de son Évêque. Il annonça la fête et prépara ses fidèles, avec le soin qu'y aurait apporté celui qui disait, en parlant du Saint-Sacrement :

> *Quia major omni laude.*
> *Nec laudare sufficit.*

Ces fêtes furent, pour le pieux curé, une grande allégresse. Il en écrivit son contentement en ces termes :

« Je m'attendais à beaucoup de la part de ma
« population; tout a dépassé mon attente. L'éclat
« extérieur n'est rien, si nous le comparons aux
« dispositions intérieures qu'on a apportées ici à
« cette fête. Pendant trois jours l'église s'est remplie
« d'adorateurs, et j'ai remarqué qu'au contraire de

« ce qui s'est passé à ***, ce qu'on a le moins
« négligé, c'est la réception des sacrements de Péni-
« tence et d'Eucharistie.

« Je me trouve à Saint-Antonin, où les mêmes
« fêtes commencent demain. Toute la ville est en
« l'air et les confessionnaux sont assiégés. M. Renan
« est jugé ! Que sont les 30,000 exemplaires de son
« livre, devant tant de milliers d'actes d'adoration
« et de communion ! «

Au mois de décembre 1865, quelques atteintes du choléra se déclarèrent dans la paroisse de Villenouvelle. Le zélé curé était partout, secondé par ses vicaires, et nous n'étonnerons pas ceux qui ont connu sa foi, quand nous leur rappellerons que le jour où le mal était le plus violent, ses regards se tournèrent vers la Sainte-Vierge. Il fit parer son autel, entretenir des cierges, recommander une constante prière, et il nous est permis de penser qu'il conjura ainsi le fléau, car à partir de ce moment le nombre des victimes fut insignifiant.

Après cette épreuve passagère du choléra, qui avait donné tant de craintes pour le corps, arriva la contre-partie, c'est-à-dire la grâce d'un jubilé. La paroisse de Villenouvelle, préparée par le zèle de son curé, sut reconnaître la faveur divine, et des fruits abondants remplirent le grenier du père de famille.

Le pasteur, au milieu des préoccupations extérieures, n'oubliait pas de sanctifier son âme. Depuis longtemps il pensait à recueillir, dans un des tiersordres, sous le manteau de ces deux saints particulièrement puissants dans le ciel, saint Dominique et saint François, les immenses richesses que Dieu a réservées à ceux qui s'abritent dans leur famille.

Il choisit le mois de Marie 1865 pour remplir son pieux désir.

« Ayez la bonté, écrit-il, de m'annoncer aux
« RR. PP. dominicains. Je me présenterai bientôt
« chez eux pour demander humblement qu'on m'ad-
« mette dans la famille de saint Dominique. C'est
« vous dire que mes pensées sont conformes aux
« vôtres au sujet du tiers-ordre, dans lequel tant
« de saints se sont abrités.

« Si je choisis saint Dominique, c'est que je ne
« peux oublier que le bon Dieu a voulu donner ce
« patron au jour de ma naissance, et que ce saint
« m'a toujours protégé.

« Je serais heureux que saint François me voulût
« aussi ; mais je crois que ses disciples de France
« ne sont pas aussi faciles que ceux de Rome à
« recevoir dans leur famille les enfants de saint
« Dominique. »

A propos de son entrée au tiers-ordre, nous ne pouvons laisser dans l'ombre l'amour qu'eut l'abbé Vaissière pour les saints. Il parlait de quelques-uns avec une onction touchante et attrayante à la fois. Comment pourrions-nous rappeler ses récits sur les saints, sur saint Augustin, saint Jérôme, sur le saint Précurseur surtout. Quand il avait fait revivre ces belles âmes d'élus de Dieu, on sentait naître le désir de lire leur vie.

Consulté sur les bons ouvrages à lire, il répondait : « Lisez les livres écrits par les saints, vous êtes toujours sûr de faire un bon choix. »

Nous extrayons d'une de ses lettres, écrite en 1865, le passage suivant :

« Vous n'ignorez pas que sainte Thérèse est plus qu'une grande sainte; elle est encore un génie et un écrivain de premier ordre : seulement en elle, comme de droit, la sainteté éclipse tout le reste, et peu de gens connaissent l'excellence de ses dons naturels. Plus vous la lirez, plus vous l'aimerez. »

Une intelligence si près de Dieu que celle de notre abbé, ne pouvait que se plaire en lisant les œuvres de la grande réformatrice du Carmel. Le cœur ardent et embrasé de Thérèse trouvait, au fond du cœur de notre saint prêtre, un écho fidèle.

Presque tous les ans, c'était vers sa fête qu'il se retrempait dans ses anciennes et sévères pratiques. Nous avons parcouru les souvenirs de ses retraites annuelles, très-souvent datées du 15 octobre. C'était aussi le jour de sainte Thérèse qu'il choisissait pour sa petite retraite du mois.

En bien des points nous pourrions comparer notre pieux abbé à saint Philippe de Néri, mais surtout dans sa dévotion envers Marie, qu'il appelait, comme nous l'avons vu dans ses écrits du Séminaire, de ce nom tendre que les enfants donnent à leur mère. Il aimait aussi les saintes reliques, les gardait avec respect, les plaçait le plus honorablement possible et sous ses yeux, car la vue des ossements des martyrs l'excitait à l'amour de Dieu. Il aimait aussi les saintes images et veillait à ce que sa vue ne se reposât que sur de pieux et graves sujets.

Son frère Victor savait ses goûts ; aussi lui envoyat-il d'Avignon une toile de sa composition : elle représentait la mort avec tous ses attributs. Il l'annonçait ainsi :

« Je viens de faire un tableau. Si tu ne le trouves
« pas trop triste pour être exposé dans ta chambre,
« je te l'enverrai. »

Le cadeau fut accepté. Nous l'avons souvent vu dans la chambre de notre saint prêtre, dans ce sanctuaire de l'étude et de la prière, où la pensée de Dieu était si constante, qu'elle enveloppait tout esprit distrait, venu par un bon mouvement s'entretenir avec le pieux curé.

Et combien en venait-il ? Ceux même qui ne professaient pas notre religion reconnaissaient en ce prêtre des traits de sainteté qui les frappaient en les attirant vers lui.

Le curé de Villenouvelle avait pour pratique de ne rien refuser, dès qu'il pouvait obtenir par ses actes une plus grande gloire de Dieu. Jamais homme ne fut plus prodigue de son temps et de ses forces. Quand on lui montrait une œuvre, un bien quelconque en souffrance, le remède qui se présentait à l'instant même à son esprit était de s'offrir : « J'irai, » disait-il avec entrain et joie. Aussi les amis comptaient sur lui pour le trop-plein de leurs occupations sacerdotales, sans s'apercevoir, hélas! que pour faire face à tout ce qui se présentait d'actes de surérogation à sa lourde charge, le bon curé avait des prodiges à opérer.

Au mois de novembre 1867, les jeunes filles d'une congrégation de Marie (1), déjà averties pour leur retraite annuelle, apprirent avec peine qu'elles ne pouvaient avoir le prédicateur attendu. Le choix de l'époque, plus particulièrement propice pour des enfants, la plupart ouvrières de petite ville, et les dispositions prises pour ne pas aller au travail ordinaire pendant ces quelques jours de recueillement, tout cela combiné à l'avance est devenu inutile. On expose à l'abbé Vaissière cette situation. Aussitôt, prenant avec lui deux ou trois livres, il monte dans le premier véhicule venu, et prend le chemin de la petite ville de M***.

Or, dans cette paroisse, souvent édifiée par la présence d'un si saint prêtre, son nom seul était pour la retraite l'assurance d'un plein succès.

Il ne lui fut pas difficile de conduire doucement à leur conversion de jeunes cœurs bien disposés. Il se montra si compatissant et leur rappela leurs devoirs avec tant de piété!

Pendant cette retraite, qui fut vraiment solide, on l'appelait *le Père abbé;* et le Père abbé n'a jamais

---

(1) C'était dans le voisinage de Montauban.

été oublié par les jeunes congréganistes, pas plus que les bons conseils sur le chant religieux qu'elles reçurent de lui (1).

Nous nous souvenons avec émotion des pages de remerciement qu'il écrivit au sujet d'un ornement brodé pour lui, après cette retraite, par une main délicate qui voulut rester inconnue, et que *le Père abbé* croyait appartenir à la congrégation de M***.

Voici ces lignes :

« A l'exemple d'Antoine portant le manteau de
« Paul l'ermite aux jours de grandes fêtes, je
« m'en revêtirai aux fêtes de Marie, et il me sem-
« blera cacher tous mes défauts sous l'innocence
« et les mérites de ces enfants, que je n'ai pas le
« courage de gronder, sachant qu'elles ont fait cela
« dans la joie de leur cœur ; ce serait mal de les
« contrister. Quelles ne se dispensent pas d'une
« prière pour l'indigne ministre de la parole de
« Dieu. »

Cette congrégation et cette paroisse ont souvent revu l'abbé Vaissière, toujours avec la même édification.

Quelquefois il allait à pied à ces cérémonies religieuses, annonçant la parole sainte quand on le lui demandait ; d'autres fois, élevant les âmes par

---

(1) Pendant que leur *Père* de la retraite de 1867 était à l'agonie, ces mêmes congréganistes se réunirent spontanément pour chanter, de toute leur âme et à son intention, un cantique improvisé pour elles par le pieux malade, quelques mois auparavant.

les mélodies célestes de son violon, prédication sans parole, mais éloquente aussi.

Depuis 1851, où il vint à M*** prêcher le 10 mai pour la première fois, jusqu'au dernier été de sa vie, où sa prédication muette s'y faisait encore sentir quand on le voyait tous les jours monter à l'autel en souffrant, la présence d'un si saint prêtre ne pouvait passer inaperçue. On se louait de l'avoir rencontré, d'être salué par lui dans les rues, d'obtenir de lui quelques paroles, ce qu'il faisait toujours avec affabilité.

« Voilà un saint, disait-on sur son passage. Quelle
« bonté! Il nous parle comme s'il nous connaissait
« tous. »

Chacun avait à rapporter un trait édifiant.

« Je me souviens, » nous rapporte une personne qui le voyait aller à l'église dans la journée, « je
« me souviens comme il avait l'air heureux de ce
« moment de repos aux pieds du Saint-Sacrement.
« — Ne me décelez pas, disait-il, je m'échappe un
« moment, je vais faire ma visite au bon Dieu. »

Nous avions fait connaître le prêtre-artiste aux bons Frères de l'Institut de Marie de cette localité. Un d'entr'eux, le frère R***, étonné de son talent musical, le fut encore plus de son humilité. Il nous a raconté lui-même ce trait : « J'étais venu entendre
« l'abbé Vaissière, il y a quelques années, à pareille
« époque. Oh! la belle musique qu'il nous fit!
« On lui avait mis sous les yeux l'*andante* de la
« belle sonate xve de Mozart.

« — Vous devez avoir bien étudié, lui dis-je, pour
« être arrivé à ce talent. — Savez-vous ce que l'ini-
« mitable exécutant me répondit, oubliant même
« sa facilité naturelle :

« Eh ! oui, j'ai perdu là beaucoup de temps, que
« j'aurais dû mettre à étudier le catéchisme. »

Nous avons dit que son talent fournit souvent matière à ses sacrifices. Que de fois il chercha à modérer son attrait pour la musique ! Voici quelques-unes de ses résolutions :

« Je m'observerai davantage sur l'article de la
« musique, et ne me laisserai pas enlacer pour jouer
« trop longtemps, si ce n'est quand je ne pourrai
« absolument reculer ; je ferai en sorte de faire
« mourir les occasions. »

Il continua à cultiver cet art à cause de son frère ; mais afin d'éclipser davantage son talent en public, il tâchait de persuader à ses amis qu'il était rouillé sur le violon, et il prenait de préférence les parties de violoncelle, dont l'instrument lui était moins familier.

L'abbé Vaissière allait être enlevé à la paroisse de Villenouvelle. Nous sommes heureux, en terminant ce chapitre, de pouvoir donner une note, qui vient de nous être communiquée par un de ses anciens paroissiens, sur le passage qu'il fit dans ce poste, où le souvenir de ses vertus et de ses travaux est encore si vivant :

« A peine fut-il installé dans la paroisse, qu'il
« se fit aimer de tous par l'affabilité de son caractère.

« Malgré la dignité de son maintien et l'austérité de
« son extérieur, il sut bien vite conquérir nos
« sympathies. S'il connaissait toutes les maisons de
« Villenouvelle, c'étaient surtout celles des pauvres,
« où il s'arrêtait de préférence ; c'étaient celles où il
« y avait quelque souffrance physique ou morale à
« soulager, qui obtenaient le privilége de ses visites.
« Que de fois l'avons-nous vu pénétrant, avec une
« douce et irrésistible insistance, auprès de malheu-
« reux depuis longtemps éloignés de l'Eglise et des
« sacrements ; il ne tardait pas à les ramener par
« cette voix persuasive et cette effusion de cœur qu'il
« réservait, semblait-il, particulièrement pour ces cir-
« constances ; que de fois l'avons-nous vu, imposant
« silence à ses propres douleurs, passer de longues
« heures auprès du lit des malades, qui ne pouvaient
« se douter que leur consolateur souffrait peut-être
« plus qu'eux-mêmes ! Combien nous pourrions
« raconter de faits de ce genre !

« Pour ne citer qu'un trait, voyons le auprès
« d'un pauvre ouvrier tailleur nommé D***, marié
« depuis peu et atteint d'une fièvre cérébrale. Le
« curé passa la nuit entière pour attendre un moment
« favorable afin de le réconcilier avec Dieu. Ce mal-
« heureux était dans le délire, mais le médecin avait
« fait entrevoir qu'il pourrait survenir quelques ins-
« tants de lucidité ; notre vénérable et à jamais
« regretté curé voulut se trouver là pour le confesser
« et lui faire recevoir les sacrements. Son zèle fut
« béni, car il eut la consolation de donner les

« secours de notre sainte religion à cet infortuné,
« qui ne tarda pas à retomber dans le délire et à
« succomber aux étreintes de la terrible maladie
« dont il était atteint.

« Une œuvre de prédilection pour le curé Vais-
« sière était la réhabilitation des ménages illicites :
« le nombre de mariages qu'il est parvenu à faire
« régulariser aux yeux de la loi civile et religieuse
« est considérable dans Villenouvelle. Le cher pas-
« teur ne se laissait rebuter par rien pour arriver à
« ce louable résultat, et nous savons personnellement
« qu'il a fait de longues et ennuyeuses démarches, et
« même des sacrifices pécuniaires, soit pour procurer
« les pièces nécessaires à la célébration de ces maria-
« ges, soit pour obtenir le consentement des parents,
« soit enfin pour que les parties pussent se présenter
« décemment à la mairie et à l'église. Je pourrais
« citer plusieurs noms.

« Ces saintes préoccupations ne l'empêchaient point
« de songer en même temps aux moyens de faire à
« Dieu une nouvelle demeure plus digne de lui, en
« reconstruisant une église plus vaste et plus solide
« que celle qu'il avait trouvée. Après y avoir mûre-
« ment réfléchi, il s'adressa en 1864 à M. l'abbé
« Pougnet, architecte plein de goût et de sentiment
« religieux, qui lui fournit un plan admirablement
« adapté à l'emplacement dont on pouvait alors
« disposer. Le curé Vaissière eut l'heureuse pensée
« de créer des listes de souscription à 5 centimes
« par semaine, afin d'intéresser toute la paroisse à

« cette œuvre et, en même temps, de la rendre acces-
« sible à toutes les bourses. Cette idée fit fortune, et
« c'est à elle qu'on doit en grande partie d'avoir pu
« réaliser la reconstruction de l'église sur le plan de
« M. l'abbé Pougnet. S'il ne lui a pas été donné de
« mener lui-même cette entreprise à bonne fin, c'est
« que la divine Providence avait des vues sur lui;
« mais il peut réclamer une large part dans cette
« œuvre, due à sa généreuse et persistante initiative.

« J'ajouterai, pour terminer cette note bien incom-
« plète, que lorsque notre cher curé fut enlevé à
« l'affection de Villenouvelle, au profit des habitants
« de Saint-Jacques, son départ fut accompagné de
« regrets touchants et de véritables marques de
« douleur, tant il avait su inspirer de saintes et
« durables sympathies. »

CHAPITRE VIII.

Cure de Saint-Jacques. — De sa direction. — De son dévouement au Saint-Siége.

> *Omnia omnibus factus sum, ut omnes facerem salvos.*
> (Saint Paul, I. Cor., ix.)

L'abbé Vaissière fut nommé curé de Saint-Jacques le 19 octobre 1867.

Ce n'est pas une petite grâce pour un peuple de trouver dans son curé un homme de Dieu, austère dans sa bonté, affable dans son austérité, qui « s'avance dans la vie entouré de l'amour des « siens, recherché et admiré de ses amis, respecté « de tous (1). »

Il arriva à Saint-Jacques, je ne dirai pas avec joie, mais inondé des pleurs des pauvres de Villenouvelle. Comment les aurait-il pu quitter, ces premiers enfants, sans pleurer lui-même et sans une volonté expresse de son Évêque ; eux, ces bons fidèles de Villenouvelle qui se levèrent tous, il y a quelques mois, autour de son cercueil, le reconnaissant pour leur pasteur. Cela n'est pas

(1) *Imitation de Jésus-Christ.*

étonnant ; l'abbé Vaissière était une de ces âmes qui attirent tout après elles (1).

Il devenait curé de la plus importante paroisse de Montauban ; mais s'en glorifiait-il ? Pour lui, les diverses charges n'étaient qu'une expression différente de la volonté de Dieu ; nous l'avons lu dans bien des pages de ses écrits: « On se fait, dit-il, un « faux raisonnement sur les honneurs et les dignités « du prêtre selon la place qu'il occupe... Oh, mon « Dieu ! faites que je préfère à tout l'obéissance ! »

Le jour de l'installation à la cure de Saint-Jacques, l'abbé Vaissière, tout ému, commenta ces paroles de la Sainte-Vierge recevant le message céleste : *Ecce ancilla Domini, fiat mihi secundum verbum tuum.*

« C'est un ange qui porte la parole à la Vierge,
« disait-il à peu-près en ces termes, et la Vierge se
« troubla.

« Les évêques sont aussi les anges de Dieu, et ce
« ne sont pas des anges ordinaires, mais, comme
« Gabriel, ils appartiennent au plus haut rang de
« la hiérarchie. Or, c'est l'Évêque qui m'a confié
« le soin de vos âmes ; et quand il a parlé, ma
« foi de chrétien et de prêtre m'a mis immédiate-
« ment en la présence de Dieu dont il m'expli-
« quait la volonté, et je n'ai pu que m'y conformer,
« moi qui suis le moindre des prêtres du diocèse.

« Et cependant, comme Marie, je me suis trou-
« blé à la voix de l'Évêque.....

(1) C'est ce que nous pensions en visitant son humble tombe, qui a rendu ses restes à la paroisse de Villenouvelle.

« J'ai pensé d'abord aux liens qu'il me fallait
« rompre, liens forts et doux qui m'attachaient à
« une autre paroisse. C'est comme une épouse que
« Dieu m'avait donnée. Je lui avais consacré toutes
« mes affections, et je peux dire que j'en étais payé
« de retour... Il me semblait que la mort seule
« pouvait faire cesser ces rapports de pensées, de
« joies, de douleurs. Et voici qu'aujourd'hui il me
« faut faire une espèce de divorce! Je parais infi-
« dèle à mes premiers engagements! Toutes ces
« pensées tombent lourdement sur mon cœur. Je
« le sens comme fendu. Il y a en moi-même des
« luttes déchirantes. *Turbata est in sermone ejus.*

« Si j'examine les travaux auxquels je suis appelé
« et les vertus qu'il me faut pour les accomplir, je
« trouve là un motif d'angoisse.

« Ces travaux, à la vérité, me sont connus ; néan-
« moins, c'est pour moi une vie à reprendre, à
« recommencer, à instaurer...

« Il me faut, nouveau pasteur, connaître mon
« troupeau, me mêler à mes paroissiens, devenir
« médiateur entre Dieu et vous, me devouer toute
« ma vie à la défense de vos intérêts spirituels
« par une prière continuelle (1), vous recomman-
« der à Dieu sans cesse, enseigner, reprendre,
« corriger, combattre les mauvaises doctrines (2)...

« Quelle charge redoutable pour les anges même!

---

(1) Saint-Paul aux Romains.
(2) Saint Paul à Timothée.

« Et humainement parlant, je n'ai rien de ce
« qu'il faut pour suffire à ma tâche. Je ne peux
« compter ni sur mon intelligence qui est très-
« ordinaire, ni sur ma science qui n'est pas éten-
« due, ni sur mon éloquence et ma rhétorique.
« Ces moyens ne sont pas à ma portée, et, au
« surplus, ne me préoccupent guère.

« Je suis plus troublé encore du quatrième devoir
« qui m'est imposé : vous servir d'exemple. Les
« pasteurs doivent être un Évangile vivant......

« Cependant, à la parole de l'ange : *Ne timeas,*
« *Marie* se rassure. Pourquoi tremblerais-je moi-
« même? Ne sais-je pas que Dieu choisit les hommes
« les plus méprisables pour convertir l'univers? Ces
« pêcheurs, qui ne savaient même pas prendre du
« poisson en l'absence de leur maître, et qui fati-
« guaient la mer toute une nuit sans résultat,
« convertissaient les nations avec l'assistance du
« Saint-Esprit.

« Il ne me reste donc qu'à dire comme Marie :
« *Ecce ancilla, fiat mihi secumdum verbum tuum.*
« *Amen, etc., etc...* »

A peine entré dans la belle église de Saint-Jacques, l'âme d'artiste du nouveau curé s'alluma d'un zèle ardent. Ici, il n'y avait rien à reconstruire, mais il vit bien vite ce qu'il y avait à conserver, à relever, à embellir dans ce beau vaisseau témoin de la piété du Moyen-Age (1).

(1) Saint-Jacques fut longtemps église cathédrale.

L'entreprise de restauration commença sous les auspices d'une faveur signalée, accordée par la Mère de Dieu à la famille Vaissière. Laissons le curé raconter lui-même le miracle obtenu par sa prière et la foi des siens. Nous verrons là l'origine de la première verrière placée à Saint-Jacques. Elle représente l'Immaculée Conception.

Son jeune neveu Jean, âgé de 13 mois, baptisé dans cette nouvelle paroisse et que le curé affectionnait paternellement, tomba malade au mois de décembre 1869.

Le curé écrit à sa famille :

« Quand nous nous aperçûmes du danger, il
« était déjà trop tard. Le médecin déclara que l'enfant
« pouvait mourir dans une crise pendant la nuit.
« Nous pensâmes alors à le couvrir de reliques et à
« faire des vœux, nous recourûmes à l'eau miracu-
« leuse de Lourdes.

« L'enfant avait le croup. Le lendemain le médecin
« proposa une opération chirurgicale, mais aucun
« de nous ne voulut y consentir, et l'on s'abandonna
« à la grâce de Dieu, de Marie et aux soins éclairés
« du docteur D***.

« Pendant quatre jours et quatre nuits, l'enfant
« fut entre la vie et la mort; les membranes du
« larynx brûlées avec du nitrate d'argent se refer-
« maient incessamment. Léon, parrain de l'enfant,
« fit la remarque que le miracle que nous deman-
« dions ne pouvait se produire que lorsque l'im-
« puissance de la médecine serait bien démontrée.

« L'enfant était comme *mort* depuis vingt minutes,
« quand on lui donna de l'eau de la Sainte-Vierge.
« A peine l'eut-on proposée au pauvre petit, qui
« jusque-là avait horreur de tout, qu'il la prit et
« la but avidement.

« Ce fut comme après un violent orage quand le
« soleil perce la nue, que la vie revint au petit
« malade.

« Quels sont les vœux des autres ? Je n'en sais
« rien ; quant à moi, j'ai commandé un vitrail pour
« Saint-Jacques. Il sera placé au-dessus de la cha-
« pelle de la Sainte-Vierge. En voici le sujet : Au
« milieu de la fenêtre, partagée en deux par le
« meneau, il y aura deux grands personnages : Pie
« IX et la Sainte-Vierge couronnée par le Pontife
« (définition de l'Immaculée Conception). Au-dessus,
« en petits personnages, on verra, dans une baie, la
« chute de nos premiers parents ; dans une seconde
« baie, la Vierge de la vision de saint Jean écrasant
« la tête du serpent. Au bas de la fenêtre sera
« représenté un enfant mourant, dans les bras de
« sa mère ; le père et les assistants, agenouillés,
« suppliant Marie. Dans le lointain, le squelette de
« la mort qui s'enfuit..... »

L'enfant guéri et le vitrail placé, le curé de Saint-Jacques continua son œuvre et apporta tous ses soins au sanctuaire de son église. Il avait eu tout le loisir d'en observer l'architecture pendant les longues heures qu'il y passait tous les jours ; on aurait pu l'appeler l'hôte permanent de ce sanctuaire. Là il disait avec ferveur son office; il attendait les pénitents et méditait avec bonheur les récits de la Sainte-Bible. Les projets d'amélioration du monument furent accomplis en peu d'années :

— Les colonnettes du chœur;

— Les vitraux du sanctuaire;

— L'éclairage de la nef par de beaux candélabres;

— L'ouverture du portail au-dessous du clocher;

— Les belles sculptures de cette porte à plein cintre;

— La couronne de statues dans le chœur, avec leurs chapiteaux gothiques;

— L'orgue d'accompagnement.

Mais les âmes furent-elles négligées? Les âmes, cette mystique parure du temple immatériel de l'Église?

Ici nous devons essayer de peindre l'abbé Vaissière directeur des âmes.

Combien d'entr'elles, que le pasteur a secourues, pourraient ici parler à notre place et dire, mieux que nous, le don qu'il avait pour les élever vers Dieu!

De sa Direction.

Et qui est capable
d'un tel ministère?
(Saint-Paul.)

Pour bien des âmes, l'abbé Vaissière était ce directeur, choisi entre mille, qui ne transige pas, qui veut qu'on obéisse, qui dit quelquefois, comme saint Paul: « Plaise à Dieu que vous supportiez « ma prudence, car j'ai pour votre âme une « jalousie qui est la jalousie de Dieu. »

Bien qu'il se défiât un peu de ses décisions, et qu'il craignît de traiter les faibles avec la sévérité et la rudesse qu'il employait pour lui-même, dès qu'il avait vu clairement la volonté de Dieu pour la conduite de telle ou telle âme, il ne la perdait plus de vue et s'exerçait à allier au zèle la prudence qui fait les bons directeurs.

Dans ses résolutions, on voit combien il cherchait à unir toujours, pour le plus grand bien des âmes, la sévérité à la douceur.

Après une retraite il écrit ces lignes:

« L'évêque dit que la confession doit être très-« brève: nulle direction avec les femmes; deux ou « trois phrases; des *oui* et des *non*... Il a un peu « raison. »

Et plus loin:

« Ne s'impatienter jamais au confessionnal avec « qui que ce soit et pour quelque raison que ce « soit. On ferme le cœur aux gens. Ils sont plus « sensibles qu'on ne le croit.

« Que je me rappelle moi-même quelles impres-« sions j'ai ressenties et je ressens encore quelquefois « au confessionnal, quand j'y suis pour me confesser.

« Il faut être ferme, surtout avec les scrupuleux « et les gens qui donnent trop au détail, mais *tou-« jours, toujours, toujours* avec douceur, quand il « faudrait recommencer mille fois! »

Voici comment il prémunissait les âmes contre les dangers du monde, se souvenant du bon résultat de sa propre prévoyance :

« Quand vous serez obligé d'y paraître, et que,
« comptant trop sur vous, vous n'aurez pas assez de
« crainte de vous y perdre, pensez à ces trois exem-
« ples des livres saints : méditez David, Salomon et
« Judas.

« David, l'enfant inspiré, qui ne recule pas devant
« un ennemi terrible, et qui tue Goliath aussi facile-
« ment que s'il s'était défendu contre le lion et
« l'ours, quand il menait paître les troupeaux de son
« père ; David, cependant, commet des crimes... Il
« a besoin qu'un prophète vienne lui dévoiler ses
« fautes.

« Voyez Salomon que Dieu aimait, qui ne de-
« mande pour tout bien que la sagesse, qui l'obtient
« et en donne si longtemps des preuves éclatantes.
« Sur la fin de sa vie, à peine a-t-il construit le
« temple magnifique où l'or et les pierres précieuses
« brillaient à la gloire de l'arche sainte, le voilà
« qui tombe et devient idolâtre.

« Et Judas, l'apôtre, traître au sortir de la table
« eucharistique !...

« Ne comptez pas sur vous-même. Êtes-vous sûr
« que Dieu vous donnerait le temps d'imiter David
« dans son admirable pénitence ? Revenez sur ces
« exemples tous les jours, car tous les jours vous
« avez à craindre une chute. »

Et comme il savait être encourageant, quand une

âme toute tremblante, en face des périls de la vie, recourait humblement à sa direction ! »

« Rien n'est perdu, croyez-moi », écrivait-il ; puis, se mettant sous le fardeau des mêmes misères, il s'accusait avec la pauvre âme qu'il voulait relever.

« Il n'est que trop vrai que nous sommes des
« lâches au service de Dieu et que nous n'avons pas
« profité des grâces reçues. Il faut se mettre à
« l'œuvre, non pas *demain,* mais *aujourd'hui ;* non
« pas *ce soir,* mais *à l'instant* même. Un acte de
« contrition, et regardez en avant. Dieu n'est pas
« changé, il est toujours bon, il est toujours notre
« père. Mettez le trouble à la porte de votre
« cœur. »

L'abbé Vaissière avait coutume de dire qu'il aurait plus vite confessé vingt pécheurs non pratiquants, mais contrits et animés d'une foi simple, que dirigé une seule âme pieuse. Dans ce ministère il agissait toujours avec crainte et tremblement, et voulait trouver, dans les âmes privilégiées, un retour vers Dieu proportionné aux grâces reçues.

« Si Dieu vous a prévenu en vous donnant un
« attrait pour la piété, vous devez l'en bénir et
« faire fructifier ce don, au risque d'être bien
« coupable. »

Et dans une autre lettre :

« Quand la voix de Dieu nous reprend, il faut
« toujours l'écouter avec respect, qu'elle se fasse
« entendre dans la conscience ou à l'extérieur. Ne
« mettez pas cependant de superstition à croire

« toutes les créatures inspirées de Dieu ; mais qui
« sait si quelquefois elles ne sont pas les instru-
« ments de la Providence pour vous rappeler à
« vous-même ? Soyez assez humble pour ne pas
« repousser leurs remontrances ; vous n'avez qu'à
« gagner en profitant de tout avertissement. »

Il nous souvient d'une âme qu'il traitait par les grands remèdes de la croix :

« Je suis fâché, lui écrivait-il, de ne pas vous
« avoir donné une plus grande pénitence, mais nous
« réparerons le temps perdu. »

On ne s'étonnera pas si nous montrons dans l'abbé Vaissière cette rudesse apparente, parce qu'on se rappellera que c'est le trait distinctif des saints qui ont le plus aimé l'avancement des âmes. Comme eux, il combattait avec vigueur tout ce qui pouvait mettre un empêchement à la perfection de ses enfants spirituels, mais en même temps, il supportait leur faiblesse et les portait sur les épaules de sa charité jusqu'au cœur du divin pasteur.

Nous avons recueilli dans les récits d'une âme pieuse que l'abbé Vaissière dirigeait depuis son vicariat de la cathédrale, quelques paroles qu'il nous semble à propos de placer ici, et qui viennent à l'appui de ce que nous tenons à démontrer, à savoir, que ce qui faisait le fond de la direction de ce zélé conducteur d'âmes, était la force et la douceur.

« Chaque confession, nous disait cette âme en
« versant des larmes, me semblait un degré de plus

« pour avancer dans la voie que je voulais suivre. »

Une âme obéissante avait toujours beaucoup à faire d'une confession à une autre ; elle se trouvait heureuse et comme dans un ciel, à se laisser conduire par ce guide. Quand il avait dit : — « Marchez, je réponds de vous, » — on volait !

Nous demandions à cette même âme quels avaient été les derniers conseils reçus du pieux malade.

Les voici, nous répondit-elle :

« Aimez bien le bon Dieu ; il vous aime tant !
« Vous ne l'aimez pas quand vous ne pensez pas
« à ses souffrances pour vous. En regardant la croix,
« vous ne lui refuseriez rien. »

Bien souvent, dans ses papiers intimes, nous avons trouvé des pensées si humbles, à propos de ses pénitents, que nous ne pouvons résister au désir d'en citer quelques-unes :

« O mon Dieu, que vous opérez dans les âmes de
« grandes choses sans qu'elles le sachent ! Quel vif
« amour ! Quelle contrition ! Quel sentiment de
« votre présence ! Et moi, pécheur, orgueilleux et
« distrait, je leur fais la leçon, je les juge, je les
« exhorte..... Et hélas ! qu'est-ce que je vaux. Oh !
« du moins, que je commence par m'appliquer les
« exhortations que je leur fais ! »

Nous avons l'assurance que bien souvent il s'est cru obligé de satisfaire pour les âmes qu'il dirigeait. Ses propres paroles ont quelquefois dévoilé ce mystère de charité :

« Si vous avez quelque pitié de moi, faites-moi

« savoir que vous vous êtes rendu à la grâce qui
« vous pressait. »

Et jusque dans les dernières souffrances que nous avons à raconter dans la suite de sa vie, il a été comme un holocauste d'agréable odeur, toujours offert devant Dieu pour le salut de ses frères.

A une âme trop facilement troublée de l'abandon des créatures et de la sévérité des événements, il dit:

« La rumeur publique n'est pas ce qu'on appelle
« *vox populi*. La voix de Dieu ne la confirme pas.
« Pourquoi vous mettre en peine de demain! C'est
« bon pour les gens qui ignorent Dieu. Pour vous,
« comptez que Dieu vous a envoyé un ange qui
« prend soin de votre âme. Quelquefois vous le
« voyez et vous l'entendez; quelquefois vous ne le
« voyez ni ne l'entendez (j'entends avec les sens),
« néanmoins il est là qui vous illumine, qui vous
« garde, qui vous gouverne. »

La communion fréquente et la dévotion à la Sainte-Vierge étaient ses deux grands moyens de direction. En retraçant ces deux conseils, écrits dans une de ses dernières lettres, nous le rappellerons assurément à ceux qui ont eu le bonheur de se laisser guider par un si saint directeur :

« Que rien, trouvons-nous dans une lettre du 16
« novembre 1874, ne soit une cause de refroidis-
« sement pour vous : ni les combats, ni la tristesse,
« ni la joie. Aimez Dieu toujours par dessus tout, et
« continuez à fréquenter la sainte communion,
« pain quotidien que rien ne remplace..... »

« Demandez à la Sainte-Vierge, écrit-il une « autre fois, à la date du 2 février suivant, qu'elle « ravive en vous le flambeau de la purification, cette « flamme qui doit vous brûler et vous consumer « pour Dieu uniquement, et priez afin que ce « carême porte des fruits pour le bon Dieu. »

De son dévouement au Saint-Siège.

Si quis Cathedra Petri consociatur, mei est.
(Saint Jérôme).

Le souverain Pontife, vicaire de Jésus-Christ, héritier de la suprématie de Pierre, fut l'objet des plus belles fêtes de l'église Saint-Jacques. Pendant plusieurs années successives le pieux curé, dans son inébranlable fidélité à la cause du prince des apôtres, fut l'inspirateur de ces manifestations d'union à l'Église romaine, et nulle part on ne fêta mieux que dans sa paroisse les solennités de Rome. Saint-Jacques, d'ailleurs, ayant dans sa circonscription le premier pasteur du diocèse, pouvait à bon droit se montrer la plus catholique des paroisses (1).

Le pieux curé, dès ses premières années de grand Séminaire, avait écrit sur une page de ses devoirs : « Pour moi, je veux tout avec une extrême ardeur. « S'agit-il du bréviaire romain, je soutiendrais,

---

(1) Le palais épiscopal se trouve dans la paroisse Saint-Jacques.

« seul contre toute la France, qu'il faut y revenir,
« car le mouvement universel qui porte les catho-
« liques à se rattacher par des liens étroits au Saint-
« Siége, et à quitter les vieilles et peu respectueuses
« maximes du Gallicanisme, est assurément ménagé
« par la Providence. »

N'avons-nous donc pas raison de mettre dans sa bouche ces paroles de saint Jérôme : *Si quis Cathedra Petri consociatur, meî est.* Elles résument l'attitude de toute sa vie à l'égard de l'Église romaine.

Et le pieux curé veillait à ce que le flambeau de la foi romaine conservât sa brillante clarté parmi ses paroissiens. Ceux-ci dépassaient quelquefois son attente par leur dévouement au Saint-Siége.

Voici ce qu'il écrivait en 1869, vers le mois de mai, pour rendre compte de la première fête de Saint-Jacques en l'honneur du souverain Pontife. C'était le jour du cinquantième anniversaire de la première messe de Pie IX.

« Les journaux nous ont fait de beaux comptes-
« rendus sur l'anniversaire célébré à Paris. Il
« paraît qu'à Saint-Sulpice le Nonce a reçu des
« ovations comme on n'en avait pas vues depuis
« plusieurs siècles. A Montauban aussi, nous avons
« été témoins d'une manifestation populaire toute
« spontanée. Cette fois ce n'est pas l'Évêque, ni le
« clergé qui ont poussé les fidèles, le contraire a
« eu lieu.

« Notre pensée était de célébrer cette fête tout

« à l'intérieur des églises : prêcher, prier, commu-
« nier, chanter des motets, etc.

« Les fidèles n'ont pas été de notre avis et nous
« ont mis l'épée aux reins. Ils ont illuminé, et force
« nous a été d'illuminer aussi.

« Tout cela nous fait voir que l'amour du Pape
« et du Dieu qu'il représente, remplit plus que
« jamais le monde. Et *Amen!* »

Pendant le concile du Vatican, le curé de Saint-Jacques était, de toute la force de son âme, uni aux grandes vérités que l'on discutait et qui furent définies à la grande gloire du Pontife romain.

Dans une lettre datée de 1870, il disait :

« Rome, le Saint-Père, la chaire de Pierre,
« c'est comme le soleil, centre de tout. Plus on
« s'en approche, plus on défend leurs prérogatives,
« plus on va vers la lumière. Ceux qui s'en éloi-
« gnent, marchent dans les ténèbres après quelques
« pas.....

« Cette école (1) lutte contre la vérité et contre
« le Saint-Esprit. Je ne peux pas croire qu'elle
« soit dans la bonne foi. Le Saint-Esprit se
« retirera d'elle ; elle sera réduite à ses lumières
« naturelles, à ses forces naturelles, et comme
« cela ne suffit pas pour avoir la vertu de foi,
« il est à redouter que nous ne voyions de grandes
« chutes. »

Pour parler de la Sainte Église à ses paroissiens

---

(1) Le Gallicanisme, le Catholicisme libéral.

et pour exalter le Souverain Pontife, il faisait toujours choix de la voix la plus éloquente et la plus savante, trouvant avec raison qu'il fallait cela pour ne pas rester au-dessous du sujet. En 1870 ce fut le P. Roux qui groupa tous les cœurs catholiques autour de la chaire de Saint-Jacques, et la bonne impression qu'y fit ce prédicateur le fit rappeler bien d'autres fois encore à Montauban.

Le zélé curé recueillait, après la parole émouvante du P. Roux, l'obole du denier de Saint-Pierre.

« Je confierai, écrit-il, notre trop petite somme à
« Mgr l'Évêque (1). Il m'a semblé que ce moyen avait
« deux avantages très-précieux: le premier de faire
« plaisir à notre Évêque, qui aimera à être notre
« intermédiaire; le second, d'effacer un peu notre
« personnalité. »

On sait avec quelle rapidité se précipitèrent les événements dans cette année glorieuse du Concile, si malheureusement terminée dans le sang de notre pauvre armée.

Dès le 29 juillet 1870, c'est-à-dire à la veille de nos premières défaites, l'homme de Dieu avait vu que notre orgueil national et l'oubli de la loi de Dieu seraient cause de notre anéantissement. Aussi écrivait-il à cette date :

« Je vous dirai que nous courons à notre ruine.
« La guerre avec la Prusse nous écrase.....

---

(1) Mgr Doney allait partir pour Rome, où il fit son dernier séjour pendant le Concile au Vatican.

« ..... Et cependant la foi se réveille ; le soldat
« veut des scapulaires et vient demander des croix
« et des médailles. En donner à cent ce n'est rien ;
« il faudrait compter par milliers. Ils ont une
« avidité insatiable. On dirait qu'ils se donnent le
« mot. Ils viennent gravement, religieusement
« s'agenouiller devant l'autel, et ils veulent de
« tout.

« Que Dieu les protége et nous sauve de la
« Prusse protestante !

S'occuper des soldats devint alors, pendant quelques mois, le principal mobile de ses actes de charité. Il leur parlait, il les bénissait et ne pouvait détourner son cœur de prêtre de ceux qui allaient souffrir et mourir. Les dévouements se comprennent vite et se rapprochent instinctivement. A ce titre il appartenait bien au curé de Saint-Jacques de s'occuper des soldats, et nous le retrouverons, quelques années plus tard, ouvrant largement à l'aumônerie militaire les entrées de la belle nef de Saint-Jacques.

CHAPITRE IX.

Œuvres du curé de Saint-Jacques : — Son livre sur Saint-Antonin, patron de sa ville natale. — Pèlerinage à Palencia (Espagne). — Bannière envoyée à Paray-le-Monial.

> *Memores enim estis laboris nostri et fatigationis.*
> (I. Thess., II-9.)

1872.

On peut dire du curé de Saint-Jacques que son cœur se dilatait dans l'amour de ses paroissiens et de son pays natal. Pressé par cette charité qui veut le bien de ce qu'il aime, il a légué à Saint-Antonin deux œuvres, les dernières entreprises de sa vie, en dehors de ce labeur incessant du curé dans sa paroisse.

En 1872, il écrivit la vie de Saint-Antonin, l'apôtre du Rouergue. Cet ouvrage, sérieusement préparé, établit d'une façon certaine et pleine d'érudition, la courte légende du saint. Comment un pasteur chargé d'âmes et répondant sans cesse au moindre appel du service pastoral, a-t-il pu nous donner un ouvrage digne d'un bénédictin ? C'est-là le secret d'une activité au travail peu ordinaire.

Depuis la tendre enfance de notre abbé, la dévotion au premier apôtre de sa ville natale s'était allumée dans son cœur. Épris de sa foi, il savait gré à l'apôtre Saint-Antonin, et le bénissait à travers les âges d'avoir apporté chez ses devanciers le nom du Seigneur Jésus.

Toutes les fois qu'il allait auprès de sa famille, l'église de son baptême et de sa première communion recevait ses visites plus fréquentes qu'aucune autre. Un jour, un nouveau monument plus grand et plus beau fut commencé, et se continua pendant quelques années, à la grande joie des fidèles. Quelle pierre apportera notre pieux abbé à l'édifice qui s'élève de jour en jour et qu'il aime déjà? C'est sans doute dans une de ses visites à ce nouveau sanctuaire que fut décidé son projet d'obtenir une relique insigne de saint Antonin, dont le bras gauche et le chef avaient reposé si longtemps à *Noble-Val* (1).

Un voyage en Espagne devenait nécessaire. L'église de Palencia seule possédait, depuis un temps immémorial, d'autres reliques insignes de ce saint: le bras droit et une épaule. Malgré toute la fatigue qui devait en résulter pour sa santé, l'abbé Vaissière ne

---

(1) Nom primitif de Saint-Antonin — Pendant les guerres de religion ces reliques furent profanées et livrées aux flammes, le 16 février 1568.

balança pas : il partit avec M. le curé de Saint-Antonin et M. E. Pagès, cet ami le plus fidèle de son enfance, aussi désireux que lui-même d'enrichir la nouvelle église.

Le 10 septembre 1872 les trois pèlerins arrivaient à Saint-Sébastien.

« Nous sommes en Espagne depuis une grosse
« demi-journée, écrit à son père le curé de Saint-
« Jacques. Je voulais aller à Palencia sans m'ar-
« rêter ; mes compagnons de route ne l'ont pas
« permis. Nous admirons, sans nous lasser, des
« églises splendides de bonne tenue et de richesse,
« l'océan qui baigne la ville des deux côtés et
« vient briser ses lames, en grondant, aux pieds
« des murailles..... »

Le lendemain ils sont à Burgos :

« Nous venons de passer la matinée à la cathé-
« drale. C'est un monde de statues, de sculptures,
« de flèches et de tableaux..... A la lettre, si le
« portail et le cloître de Moissac étaient à côté, on
« ne les regarderait pas. »

Enfin de Palencia, but de leur pèlerinage, il écrit à son père :

« Nous sommes ici l'objet des plus délicates
« attentions. On nous attendait, et tous, clergé et
« habitants, nous ont fait une réception charmante.
« L'évêque parle français, l'archiprêtre aussi, un
« jeune chanoine, qui nous accompagne partout,
« parle aussi français.

« L'évêque nous a donné rendez-vous pour ce

« soir à 4 heures et demi, afin de nous donner
« les reliques d'une manière officielle. Il nous a
« témoigné le regret de ne pouvoir venir à la consé-
« cration de notre église, à laquelle nous l'avions
« invité. »

Ce prélat délégua, pour le représenter à cette cérémonie, un des ecclésiastiques les plus distingués de son diocèse, le chanoine Eugenio Martin, qui accompagna les pèlerins en France et resta quelque temps auprès de l'abbé Vaissière. Ces deux hommes d'élite se comprirent rapidement, et nous sommes heureux de pouvoir faire connaître, par une lettre du chanoine espagnol que nous avons récemment reçue, les sentiments d'estime et de vénération qu'avait fait naître en lui cette courte fréquentation.

Palencia, 28 avril 1876.

« .... Je ne saurais vous exprimer combien
« m'est agréable tout ce qui me rappelle l'abbé
« Vaissière. Je l'ai connu dans cette ville au mois
« de septembre 1872. Après dix ans d'investigations
« assidues, consacrées à célébrer la vie du glorieux
« martyr saint Antonin, apôtre et patron de son
« pays, il venait d'entreprendre un long voyage
« pour venir chercher en cette ville ses sacrés
« reliques et honorer par elles l'église parois-
« siale du lieu de sa naissance. Le voir et sentir
« naître pour lui une grande sympathie et un
« affectueux respect, fut l'œuvre d'un moment.
« Sa bienveillante affabilité et son noble cœur

« satisfirent bien vite mes vœux, en m'accor-
« dant l'honneur et la consolation d'une sincère
« amitié.....

« Dans les fréquentes expansions de l'amitié,
« j'ai pu constater maintes fois sa haute intelli-
« gence, son immense érudition, son sentiment
« inné pour le beau et son goût exquis en toute
« chose.

« Ensemble nous avons visité les monuments
« de la capitale de l'Espagne, ceux de cette
« ville et de bien d'autres ; et je ne savais ce
« qu'il fallait admirer le plus, de ses connaissan-
« ces en matière d'art, de la facilité avec laquelle il
« déterminait l'époque et le caractère des monuments,
« ou de la finesse de ses observations sur les diffé-
« rentes manifestations du beau. Ensemble nous
« avons discouru sur les différentes branches de
« la science ecclésiastique, sur toutes les grandes
« questions qui touchent à l'avenir de l'Église et
« du monde, et je sens revivre encore dans mon
« souvenir, les trésors d'érudition avec lesquels il
« élucidait les plus obscures questions, la clarté
« qu'il mettait à résoudre les plus difficiles pro-
« blèmes et les traits de science qui arrivaient
« spontanément sur ses lèvres.

« Mais ce qui, à mes yeux, rehaussait princi-
« palement l'abbé Vaissière, ce qui, dans cette
« ville, lui gagna le cœur de tous ceux qui le
« fréquentèrent, c'était la noblesse de son carac-
« tère et ses vertus sacerdotales. Difficilement on

« trouve réunies en un seul homme autant et
« et d'aussi grandes qualités ; il possédait même
« celles qui paraissent opposées les unes aux
« autres. Une simplicité charmante, un commerce
« doux et agréable s'unissaient en lui à un esprit
« austère et mortifié, à une vie pleine des plus
« nobles pensées, à une âme dévorée d'un pur
« amour pour la gloire de Dieu. Son intelligence
« se tenait au courant des grandes questions qui
« préoccupent les savants, son cœur ressentait
« admirablement toutes les beautés de la nature
« et des arts, mais cela ne l'empêchait pas d'ap-
« porter dans ses relations une simplicité agréable
« et sympathique. J'ai connu peu de personnes
« plus dégagées des choses temporelles, plus indif-
« férentes aux honneurs, aux richesses et aux
« satisfactions que peut offrir le monde. Dieu, sa
« gloire, le salut des âmes, voilà les objets
« auxquels l'abbé Vaissière était entièrement con-
« sacré.

« Avec quelle consolation pour son âme, avec
« quel sentiment exquis il appréciait les nobles
« traits de religion, d'honneur, de piété que con-
« serve encore le peuple espagnol ! Que de fois
« je l'ai vu préférer nos traditionnelles coutumes
« religieuses à toutes les splendeurs de notre anti-
« que littérature, à toutes nos grandes actions
« humaines. Mon saint ami aimait cordialement
« l'Espagne ; mais il l'aimait surtout à cause de
« son attachement constant à la foi catholique. Il

« l'aimait pour les insignes monuments de foi et
« de piété qui couvrent son sol, pour sa brillante
« littérature essentiellement chrétienne, pour ses
« grands écrivains en théologie, en ascétisme et
« pour ses saints.

« Les exigences de son ministère firent que son
« voyage ne put guère se prolonger. En traversant
« avec lui la frontière, je ne le vis point se lamenter
« de ce qu'il n'avait pas visité toutes nos grandes
« villes, de ce qu'il n'avait point joui des splen-
« deurs de notre ciel d'Andalousie, de ce qu'il
« n'avait pas admiré tous les innombrables monu-
« ments artistiques et historiques que nous ont
« légué nos ancêtres; il regrettait uniquement de
« n'avoir pu visiter tous nos célèbres sanctuaires.
« Il m'avait promis de revenir, et moi, hélas! j'es-
« pérais jouir de la réalisation de cette promesse,
« mais non pas pour lui faire visiter l'Espagne; il
« m'avait promis de revenir pour faire, *à pied,*
« comme le faisaient nos aïeux, le pèlerinage de
« *Saint Jacques-de-Compostelle.* Et voilà le désir
« le plus intime que je l'entendis exprimer, comme
« motif de son retour en Espagne.

« Je ne fus pas le seul à recueillir ces impressions.
« Notre aimé prélat, les chanoines de notre église
« Cathédrale et tous ceux qui eurent des relations
« avec lui, éprouvèrent les mêmes sentiments. J'en
« conserve pieusement le souvenir, et il m'a été
« doux d'apprendre par les grandes démonstrations
« de douleur qu'on a manifestées à ses funérailles,

« que ses concitoyens comprenaient la perte irrépa-
« rable qu'ils venaient de faire!.... »

Le curé de Saint-Jacques avait trouvé dans la paroisse confiée à ses soins deux œuvres vénérables, autant par leur antique fondation que par leur objet : la congrégation de la Sainte-Vierge et l'archiconfrérie du Sacré-Cœur. Elles furent, dès le premier moment de son entrée à Saint-Jacques, les souveraines de son cœur et de sa sollicitude. Jésus et Marie étaient là pour lui. Il fallait les faire régner, premièrement parmi les membres de ces deux sociétés, et par eux sur tous les paroissiens.

Que de fois, dans les pieuses réunions, le curé réchauffa les cœurs par sa parole simple et touchante ; un regard vers le cœur de Jésus ou vers Marie, le déterminait à parler au petit groupe de fidèles qui l'entourait.

Nous l'avons vu quelquefois dans ces moments-là, debout devant l'autel, pénétré d'un grand sentiment de respect pour son ministère. Le nombre des auditeurs n'était rien pour lui ; il prêchait alors aussi bien, aussi gravement que dans un discours préparé et annoncé.

D'ailleurs il ne refusa jamais de porter la parole de Dieu ; nous l'avons lu dans ses résolutions :

« Je ne refuserai jamais de prêcher, toutes les
« fois que je pourrai le faire convenablement. »
Pratique qui est, de l'avis d'un saint prêtre, la plus grande marque de son humilité.

CHAPITRE IX.

Dès les premiers pas dans le sacerdoce, il s'était habitué à prêcher avec simplicité, pureté d'intention, par amour pour Dieu, et avec le désir de ne plaire qu'à lui seul, ne considérant pas le côté humain de la prédication. Ce grand mobile de l'amour de Dieu le mettait toujours au-dessus du sujet.

Dès le principe, il avait eu néanmoins à lutter contre une certaine timidité; nous aimons à le lire dans les premières règles qu'il s'était tracées pour la chaire, étant encore séminariste.

« Je vois bien que c'est mon vice dominant, je
« n'ose pas faire certaines choses et je suis gêné
« par la crainte de ne pas réussir. Il me semble
« qu'il faut qu'on ait bonne opinion de moi, et le
« sentiment de ma faiblesse, qui me montre que je
« ne peux la mériter, m'empêche d'agir. De là vient
« la crainte que j'éprouvais que l'on n'acceptât mon
« offre pour les catéchismes à Saint-Antonin. De là,
« la gaucherie complète que j'ai en prêchant au
« séminaire et à l'hôpital. »

D'où il conclut :

« Il faudra, quand je devrai prêcher, que je
« prenne franchement mon parti devant Notre-
« Seigneur, le priant de me fortifier; et alors,
« dans tout ce que l'on voudra de moi, dans mes
« succès, dans mes revers, dans mes humiliations
« (que je regarderai comme autant de trésors), je
« m'exercerai à ne compter pour rien l'opinion des
« hommes. Une seule chose m'occupera : *Dieu est-*
« *il content?* »

Il prêchait donc assiduement à Saint-Jacques, et célébrait le saint sacrifice avec cette dignité fervente, dont les âmes attentives au grand mystère se souviendront toujours.

Ceux qui l'assistaient dans ces moments-là, sont unanimes à rapporter quelle était son attention au moindre de ses actes, surtout quand il tenait en ses mains le corps de Notre-Seigneur Jésus-Christ. Toutes les prescriptions de la liturgie avaient leur parfait accomplissement. Il accommodait l'autel avec ordre, et la pensée de la grandeur de ce ministère le tenait dans un recueillement qui réveillait dans les âmes une foi plus vive en Jésus-Christ présent sur l'autel.

Quant à son ardeur à louer Marie et à la faire aimer, il nous suffira de dire que bien des âmes progressaient dans la vertu, par leur seule asssiduité à l'entendre pendant les trente-un jours du mois de mai.

On ne faisait pas à Saint-Jacques les exercices du mois de Marie aussi solennellement qu'à l'église Cathédrale. Marie n'y perdait rien; elle avait aussi sa cour de pieux serviteurs réunis dans un sanctuaire intime, où, par la bouche du pasteur, elle conversait cœur à cœur avec eux.

Les allocutions très-courtes pénétraient toujours dans le vif des vertus ou des défauts.

Oh, qu'il aimait Marie! « Je parlerai d'elle dans « tous mes sermons, » écrit-il souvent; et puis il se reproche de n'en avoir pas assez parlé.

Témoignons ici de cet ardent amour pour Marie, en racontant qu'après son long hiver de souffrances, quand il ne put plus se tenir debout, même devant le petit autel improvisé dans son appartement, il voulut lui faire un trône dans sa chambre et parler d'elle aux petits enfants de son frère. Nous l'écoutions en pleurant, et lui, tout joyeux, disait : « J'ai commencé à prêcher le mois de Marie ; « je parle devant trois ou quatre personnes, durant « quatre ou cinq minutes. »

L'archiconfrérie du Sacré-Cœur de Saint-Jacques, voulant s'unir à la manifestation du 20 juin 1873, glorieux anniversaire de l'apparition de Notre-Seigneur à Marguerite-Marie, envoya une bannière à Paray-le-Monial, afin de témoigner de son amour à Jésus-Christ, sur les lieux mêmes où il découvrit, il y a deux siècles, son divin cœur, source de toute grâce.

Cette bannière était blanche; elle avait été brodée par des mains dévouées, et, sur l'initiative du pieux curé, elle portait les trois écussons du Saint-Père, de l'Évêque et de la ville de Montauban.

Ne pouvant aller lui-même offrir ce don à Jésus-Christ, sur le sol même où « ses pieds se sont arrêtés, » il le confia à l'un des prêtres de sa paroisse, qui lui-même le plaça entre les mains d'un ancien officier de l'armée de Charette. Ce fut un bonheur pour le curé de Saint-Jacques d'apprendre qu'il serait représenté par un soldat du Sacré-Cœur, fils du diocèse de Montauban.

CHAPITRE X.

Dernières années de l'abbé Vaissière. — Mission à Saint-Jacques.

> *Infirmatus est usque ad mortem, sed Deus misertus est ejus.*
> (S. Paul, Philip. ɪɪ, 27.)

1873.

Si nous n'avions à raconter que les œuvres extérieures de l'abbé Vaissière, et si nous ne cherchions à rappeler que ses pieuses entreprises, nous terminerions ici notre récit, si promptes, hélas! furent la maladie et la mort, si courte la voie ardemment suivie.

— « L'homme, dans tout ce qu'il commence, « même s'il l'achève, ne voit pas l'accomplissement « de ses espérances (1). »

Nous nous plaçons à un plus haut point de vue pour ressaisir tous les traits de notre regretté curé.

Ce qu'il a fini, ce qu'il a su parfaire, c'est l'édifice de sa sanctification. Chacun de ses actes,

---

(1) Mme Swetchine.

soigneusement modelé sur ceux de son divin modèle, l'enrichissait d'un nouveau mérite. On ne saurait dire à quel point il ne chercha que Dieu et s'anéantit lui-même dans une mortification au-dessus des forces de la nature.

Ce fut surtout pendant la souffrance, quand la maladie s'aggrava et atteignit le cœur, qu'il nous donna les plus admirables preuves de force sacerdotale. Il était encore partout, toujours auprès des malades, toujours priant, lisant, recevant les plus humbles de ses paroissiens et se dépensant à rendre service. On connaissait sa volonté d'aller jusqu'au bout de ses forces : aussi abusait-on un peu de ce zélé confesseur, qui ne pouvait passer une heure à l'église sans que son confessionnal fût assiégé.

Nous croyons avec raison que jamais il ne balança à choisir ce qu'il savait être mieux. C'est là l'attrait des grandes âmes : la séraphique Thérèse de Jésus avait fait de ce choix la matière d'un vœu.

Nul doute que l'âme prédestinée de notre bienheureux abbé, voyant de si près la récompense, ne prît nul souci des ménagements qui lui auraient été si nécessaires, et qu'il n'avait, du reste, jamais compris, car son vrai repos n'était qu'en Dieu.

« Le ciel, écrivait-il, est un diamant d'un prix
« infini. Il faut l'acheter. Dieu ne le donne pas
« tout-à-fait, il le vend. »

De grandes choses, matériellement parlant, s'étaient accomplies à Saint-Jacques pour la transformation de cette église, mais ne fallait-il pas transformer les âmes en même temps que les pierres?

Nous avons vu et souvent entendu l'ardent curé de Saint-Jacques lorsque, luttant contre un mal terrible (1), il préparait sa dernière et grande mission, victoire de la grâce; ce travail l'aurait brisé, s'il n'avait tiré sa force de sa faiblesse même, ainsi que l'exprime saint Paul : *Tum infirmor, tunc potens sum.*

Notre malade livrait un combat à la maladie pour aller jusqu'au bout de la mission.

Il vit souvent la belle nef de Saint-Jacques exclusivement remplie d'hommes, et se félicita d'avoir appelé ses paroissiens à la pénitence par la voix du R. P. Roux, dont les accents avaient déjà bien souvent remué les cœurs dans cette église.

Après les joies du dernier jour de cette mission, le saint curé tomba, puis se releva, parce qu'encore il voulait chanter les louanges de son Seigneur *in chordis et organo* (2).

Mais plaçons ici quelques souvenirs de ce temps de la maladie, singulièrement fécond en accroissement de mérites.

L'abbé Vaissière disait un jour d'un de ses amis, prêtre : « Il a souffert et vieilli, mais tous les jours

---

(1) Sa maladie de cœur.

(2) On préparait alors le nouvel orgue d'accompagnement de Saint-Jacques.

« il devient meilleur ; sa charité et sa douceur aug-
« mentent. »

Ne pouvons-nous pas lui appliquer ses propres paroles ?

La maladie marchait rapidement. Elle aboutit à une crise terrible, vers le mois de février 1874, après laquelle le malade fut très-affaibli. Il portait le mal presque avec allégresse; et comme il voyait que nous voulions le sauver à tout prix, lui, jusque-là si rude pour lui-même, permettait aux siens d'essayer un miracle par leurs soins et leurs prières ; mais il ne négligeait pas Saint-Jacques. Il réglait son temps et l'occupait avec une plus grande activité : « Que faisons-nous pour Dieu ! » disait-il... Et si l'on n'avait cherché à l'entraîner loin de sa paroisse, ce champ aimé qu'il voulait encore cultiver de ses mains, nous l'aurions vu certainement succomber plus tôt. Son médecin et les ecclésiastiques qui l'aimaient cherchèrent à l'éloigner : « Ce sera beaucoup de gagné, si vous pouvez
« l'entraîner loin de Saint-Jacques ; il y va de sa vie, » disait M. Darnis, son médecin, qui de l'œil intelligent de sa science et de son cœur, avait compris depuis longtemps que la lame usait le fourreau.

Le curé de Saint-Jacques alla à la campagne, et se munit, en partant, de sa petite bibliothèque portative : Saint Augustin, un petit volume de la Bible contenant le livre de Job, Tobie, Judith, Esther, une *Imitation* latine, etc., etc.

« Je soupçonne qu'un *Horace* se cache parmi

« tous ces saints livres, dit un ami. » — Il y était en effet.

L'intéressant malade ne voulait pas perdre son temps. Appréciateur des bons ouvrages et des beaux livres, il les connaissait et pouvait en parler savamment. Il avait sa manière à lui de les feuilleter, de les toucher, de les soigner. Il ne résistait pas à une belle édition, et peu à peu il avait formé une bibliothèque très-riche. Il s'exerçait, dans ses heures de délassement, à traduire le latin des classiques.

Nous en donnons un exemple pour montrer comment il saisissait les beautés de ce poète.

HORACE

LIVRE I. — ODE III.

AU VAISSEAU QUI PORTAIT VIRGILE.

Brillez aux cieux, belles étoiles;
Et de Vénus et des Gémeaux;
Doux zéphir, gonfle seul les voiles
Du navire qui fend les eaux;

La meilleure part de moi-même
De l'Attique va voir le bord;
Conduisez Virgile que j'aime,
Guidez-le sûrement au port.

Tu n'avais donc point d'épouvante,
O mortel, cuirassé trois fois,
Qui sus braver l'onde mouvante
Sur le premier vaisseau de bois;

Et les vents du Nord et d'Afrique
Contre l'un l'autre mugissants,
Notus, roi de l'Adriatique,
Et les écueils et les brisants?

Quel danger ébranlera l'âme
Qui ne redoute ni les rocs,
Ni la tempête, ni la lame,
Ni les requins armés de crocs?

En vain, par la mer orageuse,
Dieu sépara les continents;
Mortel, ta voile aventureuse
Ose affronter les océans.

La race des humains se rue
Sur ce que la loi lui défend:
Ainsi Prométhée à la nue
Ravit le feu, fatal présent.

Cette flamme, aux astres ravie,
Déchaîne les maux ici-bas,
Tarit les sources de la vie
Et de la mort presse le pas.

Au ciel, d'une aile téméraire,
Dédale tente de monter;
Noir Achéron, sombre Cerbère,
Hercule saura vous dompter.

Nul terme à notre hardiesse;
Nous déclarons la guerre aux cieux;
Nos crimes rallument sans cesse
Les foudres du Père des Dieux.

Personne ne lisait comme l'abbé Vaissière et ne donnait autant à une œuvre le cachet du beau. Ce n'était jamais de l'emphase; son expression était simple, mais son intelligence, dominant au premier coup d'œil la vraie beauté, savait la mettre en relief et la rendre palpable.

Nous avons trouvé plusieurs fois de l'analogie entre notre regretté curé et saint Philippe de Néri. Voici un fait, entre autres, qui nous revient à propos de la littérature :

Saint Philippe étant allé un jour chez une dame des Ursins, y trouva le comte de Olivarez, ambassadeur espagnol ainsi que l'ambassadrice. Celle-ci qui avait entendu parler du saint, sans le connaître, lui demanda : « Y a-t-il longtemps, mon père, que
« vous avez quitté le siècle ? — Madame, répondit
« le bienheureux, je ne l'ai point encore quitté,
« car je conserve certains goûts qui me sont com-
« muns avec lui, et dont mon compagnon pour-
« rait vous parler. N'est-ce pas, dit-il à Gallonio,
« que j'aime assez les poètes et les fabulistes ?
« — Il est vrai, mon père, dit ce dernier, que vous
« avez recours à eux pour tempérer le feu du divin
« amour qui vous embrase (1). »

Cet amour des livres et de la littérature se retrouvait dans l'abbé Vaissière ; il s'en repentait quelquefois quand, brisé par la maladie, il ne pouvait plus retrouver ce repos de la nuit, qu'il avait si souvent raccourci par l'étude.

« J'ai reçu, dans les derniers mois de sa vie, nous

---

(1) Vie de saint Philippe de Néri, traduite des Bollandistes.

« dit un de ses amis, cette confidence d'une âme
« qui récapitule ses impressions :

« Je n'ai pas aimé le monde, la bonne chère ;
« je n'ai pas cherché les plaisirs et les spectacles ;
« je n'ai aimé que vous, ô mon Dieu ! Cependant,
« seigneur, j'ai aimé la littérature ; je l'ai cherchée
« partout où elle était de premier ordre. Mon
« Dieu, pardonnez-moi, si je lui ai accordé trop
« de temps ! »

Nous avons dit le tact avec lequel l'abbé Vaissière savait mettre les grands auteurs à la portée de tous ; mais nous voudrions nous arrêter davantage sur son goût pour les saints livres, qu'il possédait si bien, et dont il se servait dans ses sermons et dans ses conversations pour le plus grand bien des âmes.

Quand le repos lui fut absolument prescrit et qu'il ne put plus agir, ni étudier, il parlait de Dieu. Quelquefois il eut été prudent d'arrêter sa parole ardente, tant il se trouvait fatigué de ses efforts ; mais elle débordait : il voulait encore nous instruire et réchauffer nos âmes. Quelle prédication, que ses derniers récits, et avec quelle simplicité il nous les faisait. Ce fut là un des traits distinctif de sa piété.

Quand il nous avait assez expliqué l'Écriture-Sainte, pour laquelle il n'avait pas recours aux traducteurs, afin que le vrai sens lui vînt directement du Saint-Esprit, il allait contempler Dieu dans le beau spectacle de sa création. Tout dans la nature avait un charme divin pour son âme élevée (1).

« Je vais mieux, écrivait-il à son père au mois de
« juin 1874, je vais m'installer à M*** parce que
« l'affection de mes paroissiens m'accablerait si je
« ne prenais la fuite. »

Dès que ses forces revenaient, il cherchait toujours à regagner sa paroisse ; aussi fallut-il recourir aux grands moyens pour l'empêcher.

Une lettre de son frère Victor nous les communique :

« Le repos forcé que Félix vient de prendre a
« produit de très-bons effets. Il va tous les jours
« de mieux en mieux. Il prendra des vacances bon
« gré mal gré. Monseigneur *l'a interdit* jusqu'à
« nouvel ordre, de peur qu'il ne fût tenté de se
« remettre au travail. »

On lui avait permis un peu de musique, cet art de prédilection qu'il avait presque entièrement sacrifié, surtout depuis qu'il avait charge d'âmes.

« Vous faites bien, nous écrivait-il un jour, de
« me rappeler au culte de sainte Cécile et de
« sainte Elisabeth, dont la vie rapporte que l'une
« chantait dans son cœur le jour de ses noces,
« et l'autre le jour de sa mort. Si nous savions la
« musique comme elles, et si nous la rapportions
« à Dieu !

(1) Nous avons lu, dans une de ses lettres, qu'il écoutait avec complaisance les petits oiseaux, et que, dans leurs concerts, il croyait entendre des louanges à Dieu. David a bien dit : *Volucres cœli laudate Dominum.*

« Il est bien vrai que la musique de Beethowen,
« ou toute autre musique est grossière, si sous
« cette écorce on n'exécute en son cœur une musique
« supérieure et céleste. Priez sainte Cécile de m'en-
« seigner cette musique spirituelle que j'ignore
« presque tout-à-fait. »

Il reprit donc quelquefois son violon, et ses suaves accents nous élevaient vers Dieu.

Le 4 novembre 1874 il recevait et bénissait l'orgue d'accompagnement de Saint-Jacques, installé dans le chœur, déjà orné par ses soins d'une couronne de statues.

Son dernier acte fut donc un chant; et en même temps que les sons de l'orgue, s'éleva une autre voix, celle d'un fils choisi de saint Dominique (1). L'habit blanc d'un dominicain convenait à la fête. Ceux qui suivent l'Agneau et qui chantent le cantique que nul autre qu'eux ne sait chanter, sont ainsi vêtus.

C'était sainte Cécile qu'on fêtait par anticipation; c'était aussi le moment du repos, le chant du triomphe du saint curé, qui ne devait plus chanter avec nous sur la terre d'exil.

Enfin parut le fatal symptôme: une nouvelle crise de cœur, violemment provoquée par une fluxion de poitrine, vint l'arrêter le 27 novembre 1874.

Sa dernière messe à Saint-Jacques et ses derniers pas dans son église, c'est encore à la vierge Cécile

---

(1) Le R. P. Sandreau.

qu'il les consacra (1). Ne pouvant presque plus marcher et surtout monter des degrés, il prit à deux mains ses dernières forces pour arriver à l'église.

Nous ne devions plus l'y revoir que sur sa couche funèbre.

Quelques heures après cette messe, il se mit au lit et parla beaucoup du ciel tout le soir.

Pendant cette pénible soirée, il dicta de son lit une lettre par laquelle il sollicitait, en faveur de son église, le don d'une grande reproduction, en émail, d'un tableau de Raphaël exécuté par Paul Balze, élève d'Ingres. Cette œuvre magistrale, dont le Gouvernement venait de faire l'acquisition, lui fut accordée, et il eut la consolation d'en voir un fragment qu'on lui apporta plus tard dans sa chambre de malade.

---

(1) On célébrait cette année-là, le 27 novembre, la fête de la martyre romaine, renvoyée du 22 novembre.

CHAPITRE XI.

Journal de sa maladie.

3 décembre 1874.

Vers midi, hier, notre saint abbé Vaissière, que tous nos soins et nos prières n'avaient pu soulager, appela son frère, sa belle-sœur, leurs petits enfants, et voulut les bénir pendant que sa paroisse entière, au son de la cloche, se réunissait pour la suprême prière des agonisants. Tous les amis se pressaient autour de sa chambre, sans cependant y entrer... C'est à ce moment qu'il nous fut donné d'y pénétrer. Nous assistâmes à l'agonie d'un prédestiné, agonie dont il se releva merveilleusement, grâce à l'intercession de Notre-Dame de Lourdes, à qui s'étaient adressées nos plus ferventes prières.

Comme il est allé loin, notre cher malade, dans les régions de l'éternité, et quels élans, quels exemples pour nous!

Mais tâchons de ne pas perdre de tels exemples et recueillons chacune des paroles admirables qu'il a prononcées. A tous ceux qui l'ont approché, il a dit des choses qui ne seront jamais oubliées.

En nous voyant, il ouvrit les bras et prononça sur

nos têtes une de ces bénédictions qui retentit encore dans nos cœurs: *Que la bénédiction du Seigneur descende sur vous!* Oh! quelle grâce que de l'avoir entendu ce *maneat semper,* d'une telle bouche et dans un tel moment!

« Là haut, dit-il, je le retrouverai. » — Il faisait allusion à celui qui nous a quittés (1).

A chaque minute il appelait son frère : « Dieu « est bon, disait-il, soyez sûrs que je vous serai « bien plus *utile quand je serai près de Dieu !* »

L'abbé Calvinhac entra. Alors, prenant le ton de voix qu'il avait coutume de prendre avec cet ami : « Vous ne pouvez comprendre comme il est doux « de mourir. L'œil n'a point vu, l'oreille n'a point « entendu... » Et il ne finissait pas; sans doute parce que lui-même voyait et entendait une partie des douceurs célestes réservées aux saints.

Deux sœurs garde-malades (2) et la bonne supérieure des Dames-Blanches étaient auprès de son lit, récitant le rosaire pour le malade, qui était si fervent à vénérer saint Dominique depuis son enfance.

Son regard ne quittait presque pas les saintes reliques qu'il avait voulues en face de lui. Quelquefois il les nommait. De la main et du regard il appelait la sœur, qui lui faisait baiser le Cru-

(1) M. Charles de Prades, son ami.
(2) Les sœurs de Notre-Dame-Auxiliatrice qui se font de plus en plus apprécier par leur dévouement et leurs soins intelligents.

cifix. Bientôt ce fut comme son seul mouvement ; les remèdes étaient abandonnés.

Nous l'entendions sans cesse dire: *Jésus, Jésus, Jésus!*

Pendant de longues heures, il n'a pour ainsi dire respiré que le nom de Jésus! Et c'est de cette prononciation nette, accentuée par le cœur, qui nous a toujours fait trouver beau ce qu'il disait. — « Qu'elle heure est-il ? » — Telle était sa demande toutes les fois qu'il entendait un son lointain de cloches. Alors ses aspirations devenaient plus ardentes.

« — Qu'on prie tout haut autour de moi. Vous
« voulez trop me sevrer de prière. Vous ne savez
« donc pas que la prière c'est mon concert. »

Je pense qu'il entendait déjà toutes les harmonies célestes, car un moment, entendant de la musique dans le lointain, il dit en montrant le ciel : « — C'est bien plus beau, c'est bien plus beau! »

M. l'abbé Stoumpff, son vicaire, s'agenouilla, et nous tous avec lui, et on commença une dizaine de chapelet. Notre malade dit : « — Allez
« lentement; au moment où je suis, on a besoin
« de savourer la prière. » A chaque *Ave-Maria* il répondait : *Amen, Amen ;* et appuyant avec désir sur le mot *priez pour nous maintenant,* il nous arrêtait pour répéter *maintenant, maintenant.*

« — Vous ne savez pas quelle est ma prière vers
« le soir, nous dit-il? Il faut que j'invoque
« mes saints, vous répondrez *ora pro nobis.* »

Il commença cette litanie si touchante de ses saints. Il nomma d'abord ses patrons : Saint Félix, pape, saint Félix de Nole, saint Félix de Valois, saint Félix martyr, saint Félix espagnol, saint Félix de Cantalice, etc., etc. Nous admirions sa mémoire, qui les classait avec tant de lucidité malgré ses souffrances.

Je lui suggérai sainte Agnès ; il me répondit : — « Et sainte Cécile ? Il ne faut pas l'oublier. » — Il continua par les saintes Vierges, et nomma ensuite sainte Madeleine avec une onction qui nous émut tous.

Son vicaire nous dit : « — Je voudrais qu'il nommât saint Jacques. » — Il l'entendit et dit alors : — « Saint Jacques, patron de ma paroisse ! » — Puis il invoqua saint Théodard, patron du diocèse, saint Antonin, apôtre de sa ville natale. Après cela il nomma les patrons de sa famille. A saint Bernard il parla de la Très-Sainte-Vierge, et dans quels termes ! Alors il pensa beaucoup à Marie et l'appela : *Veni, veni,* se servant des expressions du cantique des cantiques.

La faiblesse la plus grande suivit ce moment d'ardeur. Nous craignîmes de ne plus l'entendre.
« — Victor, dit-il d'une voix presque éteinte, donne-
« moi une potion qui m'excite pour attendre mes
« frères. »

Son frère Léon était allé avertir et consoler son père et ramener un autre frère, Frédéric.

« — Pauvre papa, dit-il, ne l'amenez pas, ménagez sa vieillesse. »

« — Ne me donnez plus rien, ma sœur, c'est inutile. »

Cependant on continua l'eau de Lourdes, qu'on avait pris l'habitude de lui donner par très-petites doses après chaque remède; il l'appelait *le café*. Alors Notre-Dame de Lourdes l'occupa longtemps. Tout d'un coup, d'une voix plus forte, il nous dit :

« — S'il n'y a rien dans cette eau, elle me
« tuera! Oui! mais Marie est mon salut. »

Il répétait les paroles de l'Immaculée : — « Allez
« boire! Pénitence! Pénitence!

Tout cela l'affaiblissait. Nous craignîmes que la vue de ses frères ne fût la dernière secousse. Oh! quelles craintes! Mon Dieu, vous nous souteniez!

Avec son frère Victor, Agnès, les bonnes sœurs, nous nous mîmes, comme suprême effort de confiance, à promettre à la Sainte-Vierge que si notre malade nous était rendu, nous ferions tous le pèlerinage de Lourdes. Marie voulut nous montrer qu'elle nous entendait, mais qu'il fallait que tous les moyens humains fussent épuisés.

Les frères de M. le curé entrèrent. Quel moment, grand Dieu!

Alors, rassemblant toutes ses forces, il parla longuement avec une certaine solennité; nous écoutions tous dans le recueillement et à genoux.

« — Comment vont papa, Nanne..... Je suis bien
« content de vous voir, je vous remercie. Frédéric,
« promets-moi de bien conserver tes enfants dans
« les bons principes qu'ils ont reçus. Faites vos

« Pâques tous les ans. Aimez Dieu, servez-le...

« Oh ! je suis content de vous avoir vus. »

Il était épuisé et nous entendîmes bien plus bas des aspirations vers le Ciel. Il nous semblait que rien ne le retenait plus au monde.

« — *Nunc dimittis*.....

« — *O Jesus dulcis!*

« — *O Jesu pie!*

« — *Noli tardare!*

Nous restâmes longtemps agenouillés.

Son visage était de plus en plus céleste.

Vers deux heures de la nuit il parut étonné lui-même d'être encore parmi nous.

« — C'est saint François-Xavier aujourd'hui, » — dit-il. En effet nous venions d'entrer dans le jeudi 3 décembre. — « Pourquoi ne ferai-je pas encore « la sainte communion ? »

En moins de demi-heure, son vicaire M. l'abbé Fossat, après plusieurs démarches en pleine nuit, arrivait avec l'Hostie sainte. Quelle préparation et presque quelle allégresse peinte sur le visage de notre bienheureux malade !

Il voulut qu'on illuminât sa chambre, qui devint comme un reposoir où Jésus s'arrêta avec complaisance.

La communion faite, M. le curé demanda qu'on lui récitât les actes après la communion. Comme on ne les trouvait pas. « — Dites l'*Adoro te supplex*. » Alors commença auprès de son lit cette poétique adoration de saint Thomas. Jamais ces paroles ne nous parurent si profondément pieuses. Elles nous semblaient avoir un écho dans la poitrine de notre malade, devenu le temple du Dieu-Hostie.

Adoro te supplex, latens Deitas,
Quæ sub his figuris vere latitas !

Il nous semblait le voir mieux encore, ce Dieu de l'eucharistie, à travers le cœur de ce prêtre ;

Quia te contemplans totum deficit.

Nous le regardions savourer ces paroles en même temps que sa divine nourriture, et nous craignions que la dernière strophe :

Jesu quem velatum nunc aspicio,

ne nous l'enlevât tout à fait !

Oro fiat illud quod tam sitio,
Ut te revelata cernens facie,
Visu sim beatus tuæ gloriæ. Amen.

Cette sublime exposition de l'eucharistie nous avait transportés au ciel. Qu'y a-t-il de doux, de grand, de suave après cela !

L'action de grâce fut douce, longue et calme. Après un premier moment de tranquillité, que nous attendions depuis douze heures, quelqu'un demanda à notre malade : — Comment êtes-vous ? — « Bien ; « dit-il, je suis entre les mains de Dieu. Je lui ai « tout abandonné ! »

Il voulait, bien évidemment, s'élancer vers ce Dieu sa récompense, car il semblait suspendu entre l'espace et nous.

S'étant abandonné à Dieu, Dieu en a disposé,

et c'est en notre faveur! Oh! que Dieu est bon! Il nous a rendu peu à peu ce père, ce frère, cet ami. Il s'est endormi doucement, tout imprégné de l'Éternité bienheureuse ; et en le retrouvant vivant encore le matin, reprenant avec piété son eau de Lourdes, nous ne pouvions nous lasser de dire avec action de grâces : Nous avons transpercé le ciel par nos prières, et Dieu nous a exaucés. Notre curé est maintenant un bienheureux qui a vu le ciel, mais un bienheurenx retenu au milieu de nous.....

J'oubliais quelques circonstances de cette merveilleuse nuit :

M. le chanoine Vinel, son confesseur, était près de lui. Dans un moment d'agitation, il engagea le malade à calmer son esprit : — « Oui, répondit celui-ci, je ne veux plus penser qu'à mes péchés. »

Ces paroles nous rassurèrent ; il nous semblait que ses péchés ne devaient pas donner lieu à de pénibles préoccupations.

Très-souvent, dans la nuit, il a frappé sa poitrine avec force. — « Nous n'avons rien fait de bon, disait-
« il, j'ai mal employé mon temps ; pardon, pardon !
« J'offre mes souffrances et ma vie pour l'Église,
« pour le Pape, pour mes paroissiens, pour tous les
« membres de ma famille. Et il énumérait ses parents,
« chacun par son nom. »

6 décembre.

Le mieux ne s'est pas soutenu.

Notre malade a beaucoup souffert hier et toute la nuit. La maladie de cœur s'est réveillée. Au milieu de sa crise, il a voulu de nouveau ses vicaires, les priant de l'exhorter à la mort. Quand ceux-ci cessaient de lui parler, il continuait lui-même.

« — O mon Dieu, je me donne à vous. *In manus « tuas, Domine !* »

Toutes les prières se faisaient autour de lui lentement, avec une solennité qui rendait encore plus sensible la présence de Dieu auprès du saint malade.

Ce matin le calme est revenu.

« — C'est bien beau la fête de l'Immaculée Con-« ception, au Ciel, » a-t-il dit. — « Mais si le bon « Dieu ne vous y voulait pas, » a répondu la sœur garde-malade. » — « Oh ! dans ce cas, *fiat, fiat !* » a-t-il repris avec force.

Dans la journée on lui a donné de l'eau de Lourdes, selon ses constants désirs, et de l'eau bénite en l'aspersion. Voilà ses deux remèdes de prédilection.

« — Ne ménagez pas l'eau bénite dans cette maison, » dit-il souvent.

Pour l'eau de Lourdes, il me semble l'entendre encore lorsqu'il avalait les quelques gouttes que lui présentait la sœur.

« — O Marie, vous m'abreuvez !

« — Merci, merci !

« — Cette eau est la meilleure des boissons ; c'est « délicieux ! Mais ce n'est pas au goût que je « m'arrête…

« Si je guéris, je ferai un *excès* d'eau de Lourdes, « je veux en prendre après chaque repas. »

Il était trois heures du deuxième dimanche de l'Avent; on le lui dit, car il s'informait souvent des heures.

On ajouta qu'il faisait bien beau.

« — Oh! pour moi, *Jam hiems transiit, imber*
« *abiit et recessit.* »

Cette heure lui donna la pensée de réciter les vêpres de la Sainte-Vierge. Nous l'entendions de temps en temps, et nous pouvions juger de la suite qu'il y mettait. Chaque psaume arrivait à son tour, et les antiennes le transportaient.

« — *Dilexit me Rex et introduxit me in cubiculum suum.*

« — Quand vous aurez fini vos vêpres, ma sœur,
« récitez-moi l'*Ave maris stella.* »

La sœur commença : *Ave maris stella,* etc.....
Monstra te esse matrem....

« — Oui! dit le malade, *matrem!* »

Mites fac et castos !

« — Oh! oui, » dit-il encore. Et lorsque, à la dernière strophe, on nomma le Saint-Esprit : *Spiritui sancto,* « — N'oublions pas le Saint-Esprit, dit-il,
« qu'il nous inspire toujours! Le Saint-Esprit habite
« en nous, ne le chassons pas. »

Peu après je m'approche de son lit et je l'entends chercher cette poésie patoise qu'il aimait à nous citer :

> Sento Bierjo iou désiri
> Ambe grand'humilitât,
> Que me counserbés lou liri,
> Lou liri de la puretât.

Il veut qu'on lui récite le *Te Deum*, mais d'une voix joyeuse.

Comme toutes ces invocations lui prennent presque le reste de ses forces et qu'en répétant *Sanctus, Sanctus*, il s'est cru déjà dans les saintes phalanges, on lui propose de boire un peu de bouillon :
« — Je ne suis pas le maître, dit-il, comme vous
« voudrez. »

La sœur lui demande s'il y trouve du goût.

« — Oh ! je ne trouve bon que le bon Dieu main-
« tenant. »

Quatre heures et demie.

« On fait de beaux sermons maintenant à Saint-
« Jacques (c'était après les vêpres). Il faut parler
« au cœur en chaire. La simplicité, la simplicité !
« Pas de ces grands discours que personne ne
« comprend et ne pratique ! »

7 décembre 1874.

On dit notre malade plus faible aujourd'hui ; les médecins ne permettent pas qu'on s'éloigne. S'éloigner serait en effet perdre de bien précieuses choses, car tout ce qui se passe est merveilleux. Dans cet état de faiblesse, cependant, nous trouvons un soulagement, car les grandes, les intolérables douleurs nous faisaient subir une agonie prolongée.

Comme notre saint curé espère être au ciel le jour de l'Immaculée Conception, cette eau de Lourdes qu'il prend avec ardeur et constance est pour lui comme un gage de son repos.

En la buvant, il dit par intervalles « — Donnez-
« moi quelques gouttes de mon amour, mets du
« Ciel, mets arabique, manne céleste, eau distillée !
« Vierge Marie, merci de toutes les grâces que vous
« me ferez jusqu'à la fin ! »

Depuis quelques jours, ne pouvant plus se soulever pour boire, on avait essayé de plusieurs moyens
pour lui faire avaler quelques gouttes de boisson.
Le dernier et le plus commode, était une petite
paille qui me rappelait, surtout entre ses mains, le
chalumeau d'or avec lequel le Pape, depuis une
haute antiquité, communie à la messe solennelle,
sous l'espèce du vin.

Cette petite paille devenait pour lui un grand
soulagement, il en remerciait Dieu : « — Mon Dieu,
« je vous reconnais dans tout, dans cette paille
« que vous avez fait naître et que vous m'offrez pour
« me soulager. »

Et sur le soir, comme l'abbé Daux (1) était
venu et lui lisait des prières latines, il l'arrêta au
mot *sanitas:* « — *Sanitas,* répéta-t-il, *non corporis*
« *sed animæ.* »

On lui demanda comment il se trouvait, il répondit : « — Je me trouve bien, je suis très-bien ici. On
« me fait baiser souvent le corps de mon Sau-
« veur.

« J'ai le cœur paralysé, mais pas pour Dieu. »

---

(1) Secrétaire-général de l'Évêché de Montauban et ami,
depuis son enfance, du pieux malade.

— Jusqu'à la nuit il s'entretint avec le bon Dieu :
« Mon Dieu ! disait-il, et avec quel accent ! Mon
« Dieu, je me jette entre les bras de votre misé-
« ricorde, avec un abandon infini ! Ne vous
« souvenez plus de mes crimes, mais de vos miséri-
« cordes, grandes, très-grandes, très-multiples. »

C'était, à son avis, la dernière nuit ; nous touchions à la première heure de la grande fête de Marie Immaculée. Oh ! que nos prières étaient ardentes afin que Marie voulût nous le rendre.

Mais lui, tout à sa solennelle préparation, n'avait que des paroles d'éternité : « — Demain nous chanterons le *nunc dimittis*.

« Jésus, mon tout ! Mon divin maître, venez !...
« Mettez-moi le Christ sur les lèvres et laissez-
« moi me rassasier... Mon Dieu, je ne vous ai
« pas assez aimé. J'aurais dû vous aimer davan-
« tage, c'est clair, mais vous êtes un créancier
« qui attend. »

On voulut lui arranger sa coiffure et lui soulever la tête ; il s'y prêta en disant :

« — Tout s'en ira ; la tête s'en ira, le cœur s'en
« ira, tout mon corps sera réduit en cendres.
« Venez, considérez, princes de la terre. Il faut
« que tous passent par là. Au moment où je suis
« il y a eu des potentats qui faisaient encore couper
« des têtes... Quelle folie !

8 décembre.

Et l'aube de la grande fête était arrivée. Nous

tremblions tous ! La sœur regardait, comme un élu, son malade qui par provision s'était muni dès la veille de la sainte communion.

Il était tout prêt à s'envoler, mais Marie avait aussi une oreille tendue de notre coté. Bonne Mère !

« — Ma sœur, dit notre malade sur un ton pres-
« sant, je voudrais bien aller au ciel avant le
« premier chœur de cette fête ; je vais demander
« à sainte Cécile de m'y introduire. Elle ne me le
« refusera pas !.....

Il y eut du calme jusqu'au jour. Le lendemain le soleil était radieux, mais notre malade se retrouvait loin de sa patrie et, par conséquent, presque découragé.

Cependant il prit les remèdes que ses frères lui présentèrent assidûment. « — Qu'ils sont savants les
« médecins de donner des remèdes qui vous sou-
« tiennent. Ils veulent donc me faire revivre à tout
« prix !

« Mon Dieu, vous l'avez ainsi voulu, je vous
« remercie.

« C'est Dieu qui a fait tous ces remèdes pour
« me soulager. Il a fait pousser dans des chemins
« inconnus les plantes d'où ils sont sortis, et en
« faisant naître ces plantes, il pensait à moi. Je l'en
« remercie. »

Dès ce moment il nous fut bien avéré que nous avions contre-balancé ses désirs par nos prières.

Oh ! que Marie a été bonne de nous prendre en considération à côté de ce saint ! Lui, cependant, était bien ardent dans ses aspirations vers le Ciel.

Malgré ses grandes souffrances il a témoigné plus d'une fois le désir de souffrir davantage. Sa patience était toujours admirable ; il craignait de proférer, même dans son sommeil, la plus légère plainte. Il disait à la sœur : « — Ma sœur, si je me plains en « dormant, réveillez-moi. »

En effet il aurait fallu qu'il fût bien endormi pour proférer la moindre plainte. Toutes ses paroles n'étaient que des prières, et son esprit, constamment tourné vers Dieu, sanctifiait tout ce qu'on pouvait lui suggérer.

« O Jésus ! — (je me souviens de lui avoir entendu « dire ces sublimes oraisons jaculatoires). —O Jésus, « vous êtes bon, vous êtes doux, vous êtes misé- « ricordieux ! Vous êtes mort pour moi en souffrant « plus que moi. Je vous aime ! »

Il allait mieux, mais alors il sentit plus vivement ses souffrances et un grand malaise.

« Ce que c'est que de se croire fort, disait-il ; « la moindre petite fille sait souffrir plus patiem- « ment. On lui dit : prenez patience et elle se « tait. »

La nuit fut assez bonne. Le 9, M. Calvinhac vint le voir, et, comme le malade semblait dormir, il allait se retirer ; mais on le rappela, car sa vue faisait toujours plaisir.

« Vous êtes, lui dit l'abbé Calvinhac, comme « l'épouse des cantiques : *Ego dormio, sed cor* « *meum vigilat.*

« — Oh ! pour le sommeil, répondit-il, nos con-
« ventions sont faites avec le bon Dieu. »

Ses vicaires venaient encore, non plus pour le garder, car il allait déjà mieux, mais pour s'édifier et lui parler encore de sa chère paroisse, pour laquelle il priait et souffrait.

Jusque dans son agonie il a dirigé sa paroisse, lui qui, désolé quand on lui donna cette grande charge, avait dit avec son expansion naturelle :
« — Je ne sais pas être curé. »

Nous ne l'avions pas cru.

« — Je voulais mourir à l'autel, avait-il dit ven-
« dredi en se mettant au lit ; les soldats ne doivent
« pas quitter le champ de bataille ! »

Dans ces derniers jours, après le mieux si miraculeusement obtenu, nous nous disions qu'il serait bien difficile de l'empêcher de se sacrifier encore, car déjà, l'été dernier, quand on cherchait à arrêter sa marche matinale vers le saint autel, il nous disait : « — On m'assure que si je vais dire la
« messe, je mourrai, et c'est quand je ne la dis pas
« que je meurs ! »

Il acceptait les remèdes pour complaire à ceux qui les lui présentaient. Et si ces remèdes le soulageaient, il ne disait pas : « — Je suis mieux, » mais : « Dieu veut bénir vos soins. »

Sa grande passion pour les livres saints lui avait toujours fait employer ses moments de repos forcé à les lire et à les commenter devant ses amis. Alors il disait : « — Un peu de mon remède maintenant. »

« Il ne faut pas négliger les petites vertus,
« disait-il quand son cœur d'apôtre nous poursui-
« vait jusque dans les plus petits détails de la vie
« ordinaire. Les petites vertus, c'est-à-dire, la con-
« descendance, la politesse même qui adopte avec
« plaisir la volonté des autres, la libéralité de son
« temps, de sa personne pour le service du pro-
« chain, la mansuétude, etc... »

Oh! qu'il les a bien pratiquées, lui, le rude saint des grandes vertus, le prêtre austère, qu'on ne pouvait voir sans penser à Jean-Baptiste dans le désert!

Quelque temps avant la douloureuse maladie de ses derniers jours, il nous écrivait : « Pardon-
« nez-moi de vous parler trop de ce misérable
« corps. C'est plutôt de l'âme qu'il faudrait parler,
« âme faite à l'image de Dieu, rachetée du sang
« de Jésus-Christ, immortelle, ornée de tant de
« dons, au-dessus de tous lesquels brille la prê-
« trise, dons que je n'ai pas su mettre à profit.
« Et je m'en aperçois trop tard. Que Dieu me
« pardonne dans sa miséricorde infinie! Qu'il me
« fasse sentir mes torts et m'en donne une dou-
« leur profonde! »

Quelle humilité! C'est la vertu qui brille le plus en ce saint prêtre, et elle revêt tous les dons que Dieu a accumulés dans sa personne.

Depuis ces derniers jours il semble vouloir s'anéantir dans cette profonde humilité. Il disait au début de sa crise en parlant du vénéré chanoine M. Vinel, son confesseur :

« Quelle responsabilité ! Si je suis prêtre, c'est
« à lui que je le dois... Mais j'en suis indigne.
« Aussi quel compte aura-t-il à rendre ! »

Puisque nous citions une de ses lettres, pourquoi ne pas recueillir aussi ces quelques strophes, élans du cœur que lui inspira une mélodie que nous voulions chanter devant Jésus au Saint-Sacrement, pendant la fête de l'adoration, le 20 juillet dernier?

Cette prière, en trois degrés de ferveur, fut bien vite improvisée. En la relisant aujourd'hui, elle a plus de saveur ; on la voit s'accomplir d'heure en heure dans celui qui l'a écrite et chantée:

> Mon Dieu, qui demeurez par amour dans ce temple,
> En votre sacrement vivant si près de nous!
> Aux pieds de vos autels, où ma foi vous contemple,
>   Mon bonheur est d'être à genoux.
>
> Loin de vous, mon Jésus, tout ne m'est qu'amertume ;
> M'unir à vous, voilà mon unique désir !
> Oui, je veux que ma vie à vos pieds se consume,
>   Auprès de vous je veux mourir !
>
> Le ciel aux bienheureux vous montre face à face !
> Pour moi, triste exilé, quand sera-t-il ouvert ?
> Près d'eux, mon bien-aimé, bientôt faites-moi place:
>   Je veux vous voir à découvert.

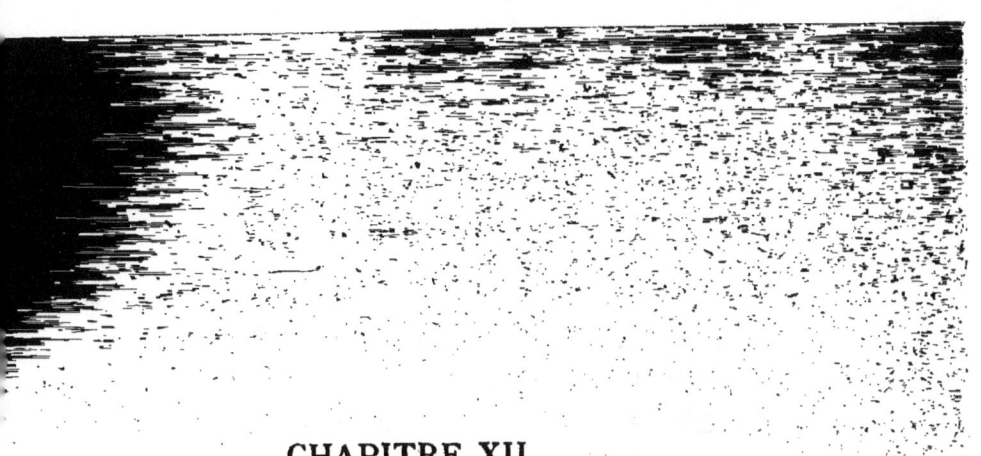

CHAPITRE XII.

Les derniers jours.

> *Si adhuc populo tuo
> sum necesssarius, non
> recuso laborem.*
> (Saint Martin.)

Ce qui se passa pendant les huit mois qui suivirent cette agonie et qui précédèrent l'éternelle récompense, serait un émouvant récit ; mais saurons-nous faire entrer le lecteur dans cette région toute mystérieuse et divine de la souffrance, sans cesse allégée par l'amour de Dieu et par l'amour appelant la souffrance ?

Nous avions eu la pensée de commencer seulement ici notre récit et de rappeler la dernière année de notre regretté curé ; mais, en feuilletant ses papiers, nous avons vu qu'ils donneraient, pour ses amis, un plus grand intérêt à notre œuvre, et cela nous a fait remonter plus haut dans nos recherches.

Un mieux sensible dans l'état de notre malade survint dans les derniers jours de décembre et se soutint presque pendant trois mois. Vers le mois de mars il se levait, avait repris ses livres, et pouvait même aller sans aide s'asseoir devant sa table de travail. Il écrivait quelques lettres, priait, remplissait encore ses devoirs de curé par des conseils fréquents à ses vicaires, mettait de l'ordre dans sa bibliothèque, etc.

Au mois de mars, le voyant debout, nous espérâmes !... Surtout un jour particulièrement heureux pour notre pieux malade : il venait de recevoir du Vatican la permission, donnée par le Saint-Père, de célébrer la messe chez lui, quand ses souffrances le lui permettraient.

Aussitôt il fut question de dresser un petit autel près de sa chambre, de l'orner par un tableau ancien représentant la Sainte-Famille, que son jeune frère se chargea de restaurer, et par un beau Christ, cadeau de son père.

Pour tous ces préparatifs le malade retrouvait de la force.

Ce fut avec une consolation visible qu'il put, la veille de la fête de saint Joseph, se revêtir des ornements sacrés et offrir la sainte victime.

Sa famille l'entourait, et son petit neveu Jean, pour la première fois, répondit à cette messe si inespérée.

Nous avons trouvé quelques-unes de ses lettres datées de ce temps-là. Elles nous montrent de quel prix fut à ses yeux la faveur pontificale.

Nous en transcrivons une :

19 mars.

« J'ai eu la consolation de dire la messe hier et

« ... dans ma petite chapelle. Je n'avais
« pas dormi, mais le matin il s'est trouvé que j'ai
« eu la force de me tenir debout, de tenir les mains
« étendues, de faire tant bien que mal les génu-
« flexions, chose qui me préoccupait plus que
« toute autre, tandis que j'ai eu à peine l'énergie
« nécessaire pour prononcer les paroles du saint
« sacrifice. Aujourd'hui saint Joseph, demain Notre-
« Dame de la Compassion, voilà de quoi nourrir
« notre piété. »

A l'une de ces messes, le saint malade eut la consolation de donner à sa famille la communion pascale.

Plus tard et malgré l'accroissement de sa faiblesse, il entreprit de prêcher chez lui un petit mois de Marie.

Ainsi il ne passait pas un instant de sa vie sans parler de Dieu, instruisant toujours et recueillant pour lui-même. Cette habitude d'activité, qui jamais ne l'abandonna, était le fruit de ses pratiques de séminariste. Avec saint Bernard il s'était dit souvent : *Gardez l'ordre et l'ordre vous gardera* ; nous l'avons entendu, même au plus fort de la douleur, se soulever et demander à ses frères : « Et
« maintenant que nous faut-il faire ? »

Cette étonnante activité ne pouvait s'éteindre, même aux prises avec l'agonie.

Comme il voulait aussi suivre toutes les prescriptions des médecins, nous nous aperçûmes qu'il cherchait plutôt en cela à satisfaire son amour de la règle, qu'à poursuivre un espoir de guérison.

Malgré des interruptions causées par de nouvelles crises, le pieux malade put néanmoins célébrer dix-sept fois le saint sacrifice dans sa petite chapelle improvisée avec tant de goût. Il se fatiguait certainement beaucoup par les mouvements et les prières vocales de rigueur, mais sa joie devenait sa force et le soutenait à l'autel.

De nouvelles crises se succédèrent et le firent passer, depuis le 5 mai jusqu'au mois de juillet, par toutes sortes de souffrances ; l'insomnie surtout était fréquente et le fatiguait horriblement. Ses frères en ressentaient un douloureux contre-coup. Ils étaient si unis à leur cher malade, que leur souffrance égalait presque la sienne ; ils étaient harassés d'émotions (1).

Les lettres que l'on écrivait à Saint-Antonin, apportaient au pauvre père des alternatives d'espérance et de crainte : « Félix va mieux, il a repris « du calme et du sommeil ; » ou bien : « il est plus « faible, il ne nous reste qu'à prier et à nous sou- « mettre. »

(1) Pendant ces longs mois de souffrances, son frère Léon avait à peu près abandonné Saint-Antonin pour venir se joindre à Victor et entourer le malade de ses soins. Sa constante et bienfaisante affection se démontra d'une façon admirable, et mit sous nos yeux l'exemple d'un dévouement absolu.

Nous conservons tous le souvenir de la condescendance de ce généreux frère, aussi ingénieux à se multiplier pour les autres qu'habile à s'oublier lui-même.

Quels brisements de cœur à chaque espérance déçue! Nous l'avions vu revenir de si loin! Et vraiment la force de sa voix, son attitude ferme, sa prière constante, étaient encore si prodigieuses au milieu de tant de souffrances, que nous ne pouvions voir en lui un malade ordinaire.

Les paroissiens de Saint-Jacques se mirent en mesure de remplir, le 9 juin suivant, leur promesse de pèlerinage à Lourdes, promesse qui était une action de grâce pour la faveur qui nous avait rendu le saint curé, sept mois auparavant. Il était maintenant bien plus affaibli, mais il semblait qu'une nouvelle supplication conserverait sa vie, qui nous était si précieuse. Lui-même s'unissait à notre pèlerinage, tout en faisant ses réserves, car évidemment, et malgré sa condescendance à nos désirs, il se sentait enchaîné loin du lieu de son repos, et craignait même la vivacité de nos prières.

Nous allâmes à Lourdes et suppliâmes Marie tout le jour.....

Ce fut notre saint malade qui l'emporta sur le cœur de sa mère; ses soupirs vers la patrie furent sans doute plus touchants.

Au retour de Lourdes la volonté du ciel était claire. L'admirable malade voulut nous aider à l'accepter comme lui, et, s'y prenant d'une façon délicate, il nous prêcha la soumission dans une prière qui jaillit de son cœur, à la vue de la petite statuette de Marie, venue de Lourdes.

N'a-t-il pas prêché jusqu'à la fin ?

Quelque temps après, ayant encore beaucoup souffert et passé bien des nuits assis et appuyé sur une dure planche qu'il avait voulu devant lui, et dont le bois dut souvent lui rappeler la croix de son sauveur, il s'endormit paisiblement.

Son frère Victor annonçait ainsi à son père cette triste épreuve :

« Dieu a fait à Félix la grâce de l'appeler à
« lui !

« Aujourd'hui 28 juillet, à 1 heure, il s'est éteint
« sans souffrances et sans que nous ayons pu nous
« en apercevoir.

« Ne le plaignons pas; il est délivré et jouit de la
« récompense d'une vie exceptionnellement ver-
« tueuse.

« Nous espérons que tu accepteras cette épreuve
« avec foi.

« Recommande à Nanne d'avoir du courage. Il
« sera pour nous une protection plus puissante
« qu'auparavant. »

Ce jour-là il y eut un grand concours pour visiter le curé de Saint-Jacques et prier auprès de lui (1).

Bien des témoignages de sa vertu s'élevèrent alors de toutes parts. Le premier, le plus éloquent, ne fut-il pas ce concours spontané de prêtres et de fidèles accourus à ses funérailles, et ne nous est-il

(1) Un de ses vicaires ayant laissé momentanément son manteau dans la chambre du saint curé, le manteau fut enlevé, parce qu'on soupçonna qu'il avait appartenu à celui que l'on pleurait.

pas permis de dire que la ville entière se leva sur son passage et que tous le suivirent, si ce n'est de fait, du moins de leurs regards respectueux ?

« — S'il n'est pas au ciel, disait-on, nous pou-
« vons renoncer à y aller nous-mêmes. »

Le premier jour où notre vénération nous amena visiter son humble tombe, notre œil, suivant la croix qui la domine, rencontra le ciel; le ciel où l'on se reconnaît, dit un pieux auteur. Comme nos pensées se laissaient pénétrer de cette consolante vérité ! Nous le reconnaîtrons donc notre saint curé, modèle de belles et rares vertus, et alors il sera glorifié par la main de Dieu, qui est admirable dans ses saints. En attendant, si nous l'écoutons lui-même, il nous parle encore, il nous dit, comme au jour d'une cruelle séparation :

« — Moïse touchait d'un morceau de bois les
« eaux amères du désert, et elles devenaient d'une
« douceur délicieuse ; mettez la croix de Jésus dans
« les eaux amères de la vie, et toute consolation y
« descendra. »

Dieu a permis cette sublime conversation de l'âme épurée avec la pauvre âme errante sur la terre.

Chercher en haut nos amis disparus, n'est-ce pas nous rapprocher de notre élément éternel ? Et quand nous les retrouvons environnés du nimbe des bienheureux, ne marchons-nous pas vers notre fin d'un pas plus sûr ?

Oh ! non, la mort de notre saint curé n'est pas

un malheur pour lui, répétons-le avec ce bon prêtre qui nous consolait ainsi ; elle n'est que le commencement de sa gloire. S'il a *beaucoup* souffert, il a aussi *bien* souffert..... Maintenant la souffrance est finie, le bonheur commence et il ne finira plus.

Nos larmes sont justes ; mais faisons comme saint Louis, qui apprenant sur une terre étrangère la mort de sa mère, mêlait à ses pleurs des remerciments à Dieu, pour lui avoir donné et si longtemps conservé un tel trésor.

Nous aussi, après avoir été en si étroits et pieux rapports avec cette âme d'élite, nous devons à Dieu un remerciment qui domine notre douleur.

TABLE DES MATIÈRES.

	Pages.
INTRODUCTION	9
CHAPITRE I. — Sa famille, son enfance, ses dons naturels.	15
CHAPITRE II. — Le grand séminaire	31
CHAPITRE III. — Suite du précédent. — La prêtrise.	69
CHAPITRE IV. — Vicariat de la cathédrale.	89
CHAPITRE V. — Quelques pages pour servir au monument de pieux souvenir.	119
CHAPITRE VI. — Cure de Saint-Jean de Villenouvelle.	151
CHAPITRE VII. — Suite du précédent. — Pèlerinage à Notre-Dame de Font-Romeu.	165
CHAPITRE VIII. — Cure de Saint-Jacques. — De sa direction. — De son dévouement au Saint-Siége.	189
CHAPITRE IX. — Œuvres du curé de Saint-Jacques : — Son livre sur saint Antonin, patron de sa ville natale. — Pèlerinage à Palencia (Espagne). — Bannière envoyée à Paray-le-Monial.	207
CHAPITRE X. — Dernières années de l'abbé Vaissière. — Mission à Saint-Jacques.	219
CHAPITRE XI. — Journal de sa maladie.	231
CHAPITRE XII. — Les derniers jours.	249

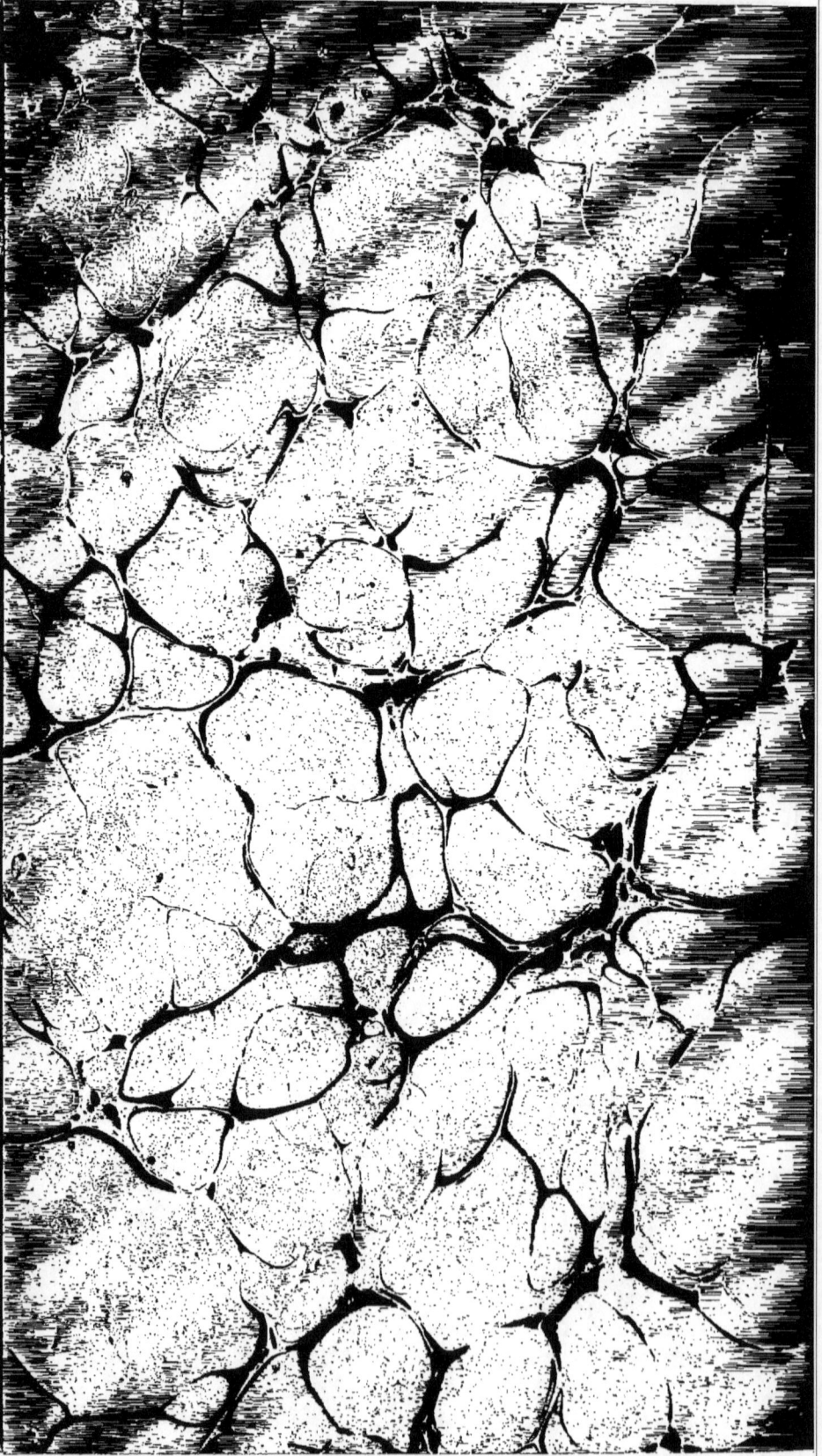

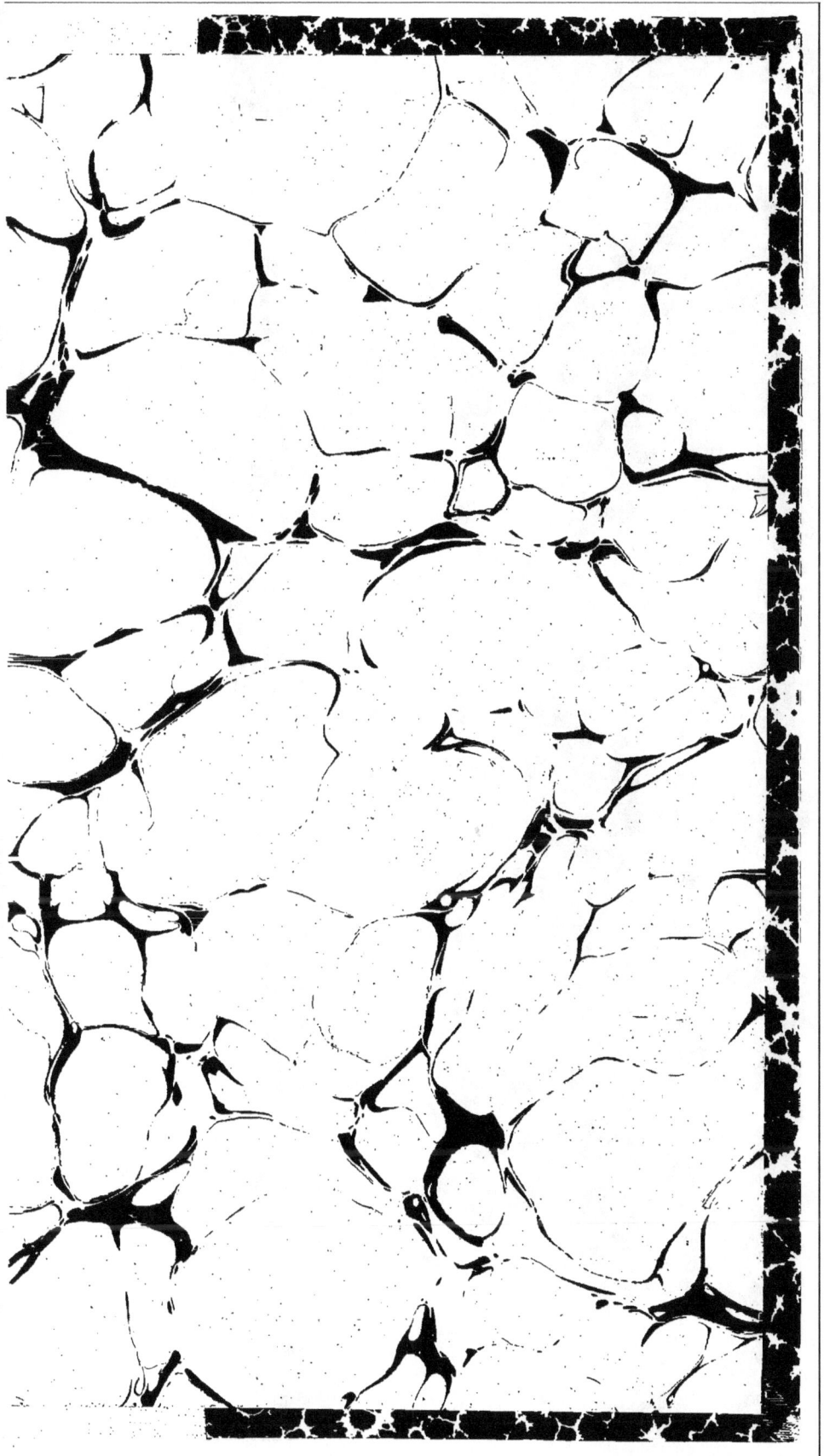

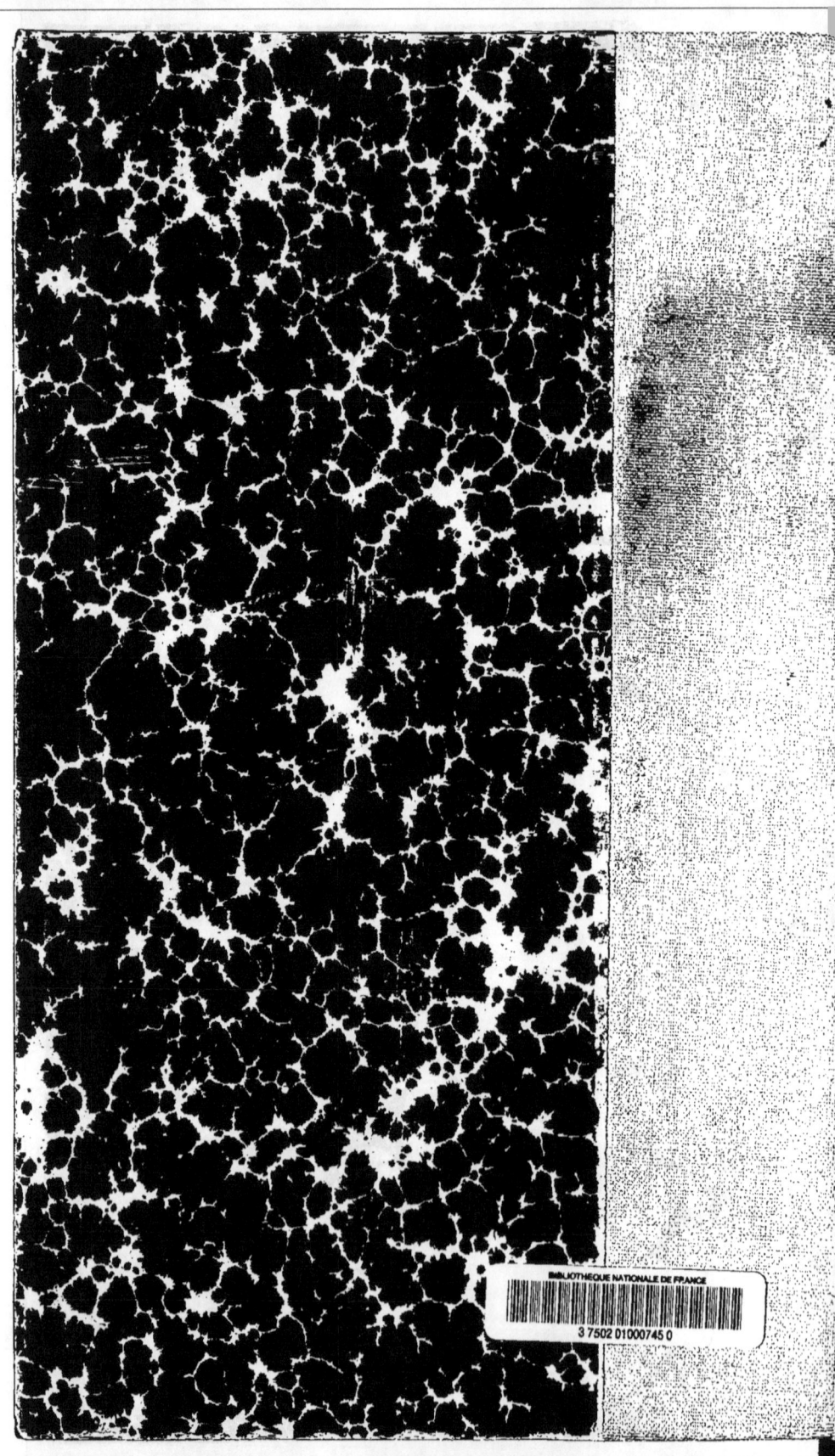

www.ingramcontent.com/pod-product-compliance
Lightning Source LLC
Chambersburg PA
CBHW050332170426
43200CB00009BA/1559